大展好書 好書大展

親子系列

3

如何使孩子

數學滿分

林明嬋／編著

大展出版社有限公司

序●●●●一天只要三十分鐘就能將算術變成最拿手的科目

最近，小學生的成績單上評語是成績平平，但卻有很多小孩一點學力都沒有。讓他唸課本，吱吱唔唔地不知在唸什麼，真想罵他。讓他寫已學過的字，他完全寫不出，一下子少筆劃，一下筆劃不對，字又亂像鬼畫符——真想給他一拳。

算術也是如此。要他計算一下，只會「嗯，嗯」，一點進展都沒有。雖然是四年級的學生，四位數的減法還慢吞吞地算出來。都上五年級了，四位數乘四位數就再花上十分鐘來算，而且還算錯。一提到問題式時，更是舉雙手投降了。問他「這題在求什麼」，他卻說「不知道」。即使要他「再仔細地看題目」也是一樣。或許心裏會認為這孩子是否是傻瓜而感到不安。

然而話都說得很漂亮。什麼丟大人的臉的理論到處可見。不過還是有合乎情理的解釋。雖然如此，但為什麼會有這麼低的學力，實在不可思議。

本書中，對一般智能的小孩——會強詞奪理，大人不注意時會調皮搗蛋，要是被抓到責罵時，就把責任推給別人，這種活潑健康的小孩，面對不同學力不知該如何應付的情形有詳細的說明。

這種依賴性強的孩子或學力低的小孩一定不善於算術。父母很容易認為不會算術的孩子就是腦筋不好的孩子。這只不過是個迷信而已。是因為沒有對算術下工夫學習。算術並不是只取得高分就好的學科。只要配合得當，就會有好的成果，這才是正確的算術學習。

不會算術的孩子或沒有自信的孩子，討厭算術的孩子每天——對了，要每天——花三十分鐘，對本書所敘述的事持續施行三個月，一定會喜歡算術。就像取高分一般將算術成為自己最擅長的學科。

一天三十分鐘就行了。請不要中斷，而且也不要超過三十分鐘的限度。孩子就能和別人一樣做得很好。而且也能養成有自信與自尊的孩子。也不會再強詞奪理了，成為一位傑出的純真的小孩子。

要增進學力的方法只有一種，就是孜孜不倦地學習。

目錄

《本書使用指導》

本書的宗旨是各位父母在閱讀、理解之餘，也能與孩子們一起學習。因爲和孩子一起學習可以發現算術的樂趣。

標題中所標示《〇年級》是指該年級應學習的內容。例如，六年級的學生還不太會算術，可將書本當作複習來學習。

換言之，四年級來做《二年級》的題目，或相反地三年級做《四年級》的題目也無妨。要喜歡算術，絕不可忽略基礎的計算能力，而且預先學習更高年級的功課並非不好。只是，千萬不要勉強。

總之，這是父母與孩子的共同作業。請依照本書指示按步就班地施行。三個月後，小孩會有戲劇性地改變。他會愛上算術。

只要花三個月，任何人都喜歡念書

只要三個月就喜歡念書——嘿，是眞的嗎？任何人都會懷疑。姑且不談那些有興趣的孩子，通常一般的小孩，不用念書是最好的事，一說今天沒有家庭作業時，更是高呼萬歲。的確如此，比起念書，玩是更高興的事。

勤念書的孩子，不需要父母在背後叮嚀，每天晚上一定會坐在桌前努力用功。這樣的小孩一點也不覺得讀書是件苦事。他認爲讀書是理所當然的生活習慣。不如說，以讀書爲一種樂趣。父母會對這樣的孩子說，

「好了，不要太勉強。明天再做嘛！」

被這麼說的孩子是用功型的小孩。

一般的孩子是基於體面而用功。不做功課的話，會被老師罵。鄰居的小孩要來邀去玩要時——

「書念完了嗎？做完了再去玩。」

又，晚飯後，正在看好看的電視時——

「作業寫完了沒。還沒吧！就是會看電視。別玩了，快去念書。」

激動了的母親怒聲四起。因此，就很勉強地拿出功課來，百般地乞求說。

「看完電視再寫啦！好啦！好啦！」

總之，只有作業，基於義務他會好好地寫完。沒有功課的日子，就在外面玩耍，回到家就躺下睡了，或看漫畫書、看電視、或玩遊樂器。

這些孩子偶爾，也會用功讀書，所以稱他們爲偶爾型、有時型，爲義務而念書型的小孩。在學校雖然有念書，但成績卻和父母的期望相差甚遠。

討厭念書的孩子很少坐在桌前。也經常忘了做功課。但，他並不覺得有什麼丟臉的事。

「忘了」，就只會這麼說，也不會去做。在以前，或許會處罰打他，或者——

「忘了的人馬上回家去做。」

被大聲斥責後，垂頭喪氣地在上課時間回家去。因此，持續二天之後，就沒有小孩子忘了寫功課了。

現在，則嚴禁這種體罰，或剝奪上課的權利。卽使處罰，也只不過罰站十分鐘左右而已。而且放學後，也不會像以前的老師一樣，將學生留下，盯著他把功課做完。或是因爲開會、事務、出差、儀式的準備、特別活動（社團活動、委員會活動等）無法指導學生上課時，在放學後將擔任的班級的學生留下來指導的情況，目前幾乎不存在。

因此，忘了寫功課的小孩，雖說是個性尊重，但事實上，將他丢在一旁不管，逐漸地養成他的依賴心。

這種孩子最討厭讀書。寫字、算術等事，對他而言是件非常討厭的苦差事。只是偶爾的讀書，很難學習到該學年應有的學力。

這種孩子，可以稱爲偶爾型讀書人。

自動念書的小孩，不認爲讀書是件苦事。或許有些小孩愛念書。相反的，依賴心強的小孩認爲再也沒有比念書更苦的事了。這二者的差別，就是勤勉型讀書人與偶爾型讀書人的差異。

在三個月裏，要讓討厭念書的偶爾型讀書人，雖然討厭，偶爾會做的義務型讀書人，變成喜歡讀書的勤勉型，做父母的該如何做才好呢？

頭腦的好壞與學力無關

做父母的經常這麼說。

「那小孩頭腦眞好。一定會考上國立大學。」

「我家的孩子像父母，頭腦不太好，所以書都念不好。」

就如同這樣，大部份的人都深信，能考上有名的大學的孩子就是腦筋很好的孩子。相反的，在成績單或學力測驗上的成績差的孩子，就是頭腦不好的孩子。

我從事教職工作已近四十年頭了，這段期間教導過逾二千名的小孩。其中，進入第一志願的國立大學就讀的只不過數十人左右。私立大學約有二倍的人。但是，要眞正說是頭腦好的孩子，只有二人而已。反而那些被認爲頭腦不好卻能孜孜不倦地每天念書的孩子進入這些大學。

腦筋好的孩子，對世俗的事有過敏的反應。基於興趣或關心，會朝向那個目標，所以不太在意念書方面。其中，有人當刑警，令人驚訝地巧妙地組織龐大的少年竊盜集團，可以賺取幾十萬元的人也有。這種人，只有在做壞事上腦筋比較好。要是用在讀書上，六年來，還是始終如一無法突破。

頭腦的好壞與學力的高低，是否有一點點關係呢?事實上是無關的，在小學或中學時，或許沒有那麼傑出，但是現在有卓越的智慧的人也有。或許稱爲大器晚成型吧!總之不是一開始就被認爲頭腦很好的人。

相反地，在小時候什麼都會的聰明小孩雖然得到周圍大人們的欣賞，但長大成人之後，別無所成，世間上的評價也不太好。

總之，頭腦好的孩子進入有名的高中或著名的大學，頭腦差的孩子，成績總是比較差，這只不過是一種想法、迷信或是偏見而已。

請教體育專家，小學四年級時，賽跑總是跑最後的小孩，每天三十分鐘，做好科學性的練習，到了高中生時，百米的賽跑就能跑十一秒左右的時間。只是，能跑十秒左右的孩子是有這方面的素質，其他的人，要怎麼練習也是很勉強的。

但是，任何一位小孩子，六年間都不休息，一直做少許的練習，到了高中生賽跑的能力會更加強，可能會成爲縣市的代表。只是，是否能參加奧林匹克運動會，

就得看此人是否有素質了。

學習彈琴也是如此。幼小時每天練三十分鐘，十年之後從一小時增爲二小時的練習，到了二十歲，任何一位小孩都能彈蕭邦或各種世界名曲了。但是否能像李查克來得蒙那樣彈出迷人悅耳的琴聲，就不得而知了。不過，任何人確實可以學習成音樂老師或鋼琴老師之類的技術。要再更上一層成爲一流的演奏家，就得看是否有這方面的素質了。

父母本身並不知道這孩子是否有天生卓越的素質，連指導者或老師也很難了解，當然孩子本身也不知道。唯有不鬆懈的努力才能啓發優秀的素質，讓它發揚光大。只會坐享其成，什麼都不做，怠惰的練習即使持續好幾年，也無法讓天生的素質開花結果。學力也是一樣。

「這孩子腦筋好，什麼事都記得。」

「什麼事都了解，又能舉一反三的孩子。」

「有才智，即使再難的問題，毫不費力就能解決的小孩。」

即使如此倍受讚賞的小孩，要是從不復習學校所教的功課，絕對不是能得好成績的孩子。無法擁有高的學力或一般水準的學力。

能進入著名的大學的孩子，大都是小學時候起，不會忘了功課，而且會做得很好的小孩。在高中後半期才正式接受考試測驗的挑戰，因此，在平常階段的學年，都應該吸收該學年應有的學力。

任何小孩子，從小學時候起，所交待的作業或是非寫不可的習題，從不怠慢而且很認眞地做好，他一定會將該學年應有的學力好好地吸收。而且，中學、高中畢業後，即使立刻就業也能開拓自己的人生。若想進大學，也能直接找到自己興趣的學科組。不具有確實的學力的孩子，即使就業也無法熟悉工作。面臨考試測驗，馬上就投降了。沒有一定水準的學力的人，到了青年期一定很容易遭受挫折。

學力與腦筋的好壞是絕對沒有關係。沒有特殊障碍的小孩，經歷小學中學之後，在學科的考試方面，要得九十分左右是十分有可能的事。

爲了要達到這種程度，每天的讀書工作是不可欠缺。依賴心強的小孩，入學以來就欠缺基本的學習工作，每天悠哉地玩樂，到了四年級就無藥可救了。這種孩子，卽使後來喜歡念書，也很難有突飛猛晉的效果。

只要會計算，算術是一門很簡單的學科

討厭讀書的孩子，一定從低學年開始沒有好好地念書。小孩子本身不會自動，必須在背後叮嚀他好好念書。

經常有的事——怕五年級功課會落人之後的小孩，就在四年級起卽使不懂還是用參考書、考前指南等書來加強，但始終沒什麼效果。只會慢吞吞地做，而且還錯了。

或許你認爲這孩子頭腦不好，而感到不安焦慮，這時冷靜地想一想。他絕不是腦筋遲鈍。說不定有一天，對父母說一番大道理，看完電視還會做出驚人的評論，你還會很高興認爲「這孩子眞精明」。

學力方面，遲遲不進，就是這樣。這孩子頭腦一點也不差，說不定有比一般人更好的知覺能力或思考力。所以在一年前所敎的問題，很能得心應手地理解。但是，數學只是不小心計算錯誤，而國語方面，隨意亂發音或錯字或遺漏等，若一再犯

學

錯不予以糾正，那將出現反效果。

現在介紹一種最簡單的方法來看這孩子的問題出在哪裏，首先以算術來試一試。

小學所教的算術，對於特別的數學思考能力方面的問題，完全沒有顧及到。會讀字，對垂直、平行、二等邊、平均等各算術用語都能正確的理解，對問題的意思都能正確的理解，對問題的意思都能正確地抓住，那算術絕不是難的學科。因爲總是只有一個答案的單純問題，和其他學科比起來，是最簡單的了。

只是計算上並不是自動求出答案來，算術就成了很麻煩的學科了。

換言之，計算是算術的要點。

因此，會算術的孩子，毫無例外的，他的計算要非常正確。不懂算術的孩子，計算就非常遲緩，而且不正確。換句話說，就是計算能力差。

計算並不需要特別難度的思考力。計算的原理誰都很容易理解的。會跟父母頂嘴，做壞事被抓到還會推給別人，有這種機智能力的小孩，在計算上很快就能了解。但是，實際上的演算還是經常有錯。位數愈多，計算速度愈慢，而且半數以上都算錯。

不會算數學，不是因爲腦筋不好。那是算術的要點、計算力差的緣故。換句話，就是對計算的原理理解不夠，而且，很少有練習的機會。

完全克服基本的加法嗎？《二年級》

算術不好的小孩、討厭算術的小孩，從幾年級之後才不需要依賴別人呢？首先，一年級所學的基本計算，能在短時間內自動算出答案與否的方式來試驗。左邊的基本加法，是否能在十五秒之內寫出正確的答案。

「阿雄，算一算這些加法吧！儘可能早一點寫出答案喲」，衡量一下所需的時間。

基本加法

6 ＋ 8 ＝
5 ＋ 7 ＝
2 ＋ 9 ＝
4 ＋ 8 ＝
8 ＋ 7 ＝
9 ＋ 9 ＝
6 ＋ 7 ＝
8 ＋ 5 ＝
4 ＋ 7 ＝
9 ＋ 6 ＝

這些基本加法能在十秒內做完的人，是入學之後能好好念書的小孩。最遲一定要在十五秒之內做完。若要花十五秒以上的小孩，就得從基礎做起。

而且，瞬間將10的數字分解的練習也不可缺少。

要讓他了解，10這個數字，是1與9、2與8、3與7、4與6、5與5、7與3、8與2、9與1所組成的數。這是要他深記1的補數是9、2的補數是8……。

對基本加法在瞬間無法回答的小孩，要讓他再出發。一般的小孩，只要三天的時間，就能完全的記住。「阿雄，4的補數是多少」「6」「那7呢」「3」等讓他不斷的練習，很快就能回答。

從10的分解能迅速的回答的練習中，可以確實做好初步的計算方法。首先，先練習答案只到5的計算練習。任何一位小孩都能馬上作答。

初級加法

1 ＋ 1 ＝
1 ＋ 2 ＝
1 ＋ 3 ＝
1 ＋ 4 ＝
2 ＋ 1 ＝
2 ＋ 2 ＝
2 ＋ 3 ＝
3 ＋ 1 ＝
3 ＋ 2 ＝
4 ＋ 1 ＝

讓他練習這十題能在十秒內做答。依程度個人不同，也有小孩無法在十秒內寫出。有三個理由。

這小孩有某一發育上的障碍。無法認識這個字是2或3。即使面前擺5粒橘子，也無法正確數出來。這些孩子，即使用原子筆在桌上有節奏地敲5次或7次，他

0	1	2	3	4	5	6	7	8	9
0	1	2	3	4	5	6	7	8	9
0	1	2	3	4	5	6	7	8	9
0	1	2	3	4	5	6	7	8	9
0	1	2	3	4	5	6	7	8	9
0	1	2	3	4	5	6	7	8	9
0	1	2	3	4	5	6	7	8	9
0	1	2	3	4	5	6	7	8	9
0	1	2	3	4	5	6	7	8	9
0	1	2	3	4	5	6	7	8	9

也無法數出敲了幾下。若是有這種情況的孩子，應該請專家來診斷一下。一般而言，小學二年級以上的小孩，不會有特別的發育障碍，所以用原子筆在桌上敲打幾回，應該能正確地數出來。

沒有知覺障碍或機能障碍但却不能很伶俐地寫答案，是因爲寫字速度慢，所以請估計一下寫數字需要花多少時間。如上圖，從0到9的數字，連續寫十次。快的小孩只需四十秒，普通的小孩需五十秒，再遲一點也需一分鐘而已。若要花上一分十秒或二十秒，那實在是寫字速度太慢了，每天讓他練習三回，幾天後就會在五十秒內寫完。稍微潦草一點也可以。

答案只到5的加法是最簡單的加法，慢吞吞地作答的第三個理由是不想去練，所以練習不夠。二年級之後，知覺能力已相當發達了，對於最單純的加法問題，應該毫不費力地算出來。所以和以前全然不同，很迅速地就能寫出解答。

排除某特殊發育障礙的原因，由於另外兩種理由而計算緩慢的小孩，三天讓他反覆練習很容易就能克服困難。

其次，再讓他練習和為6到10的加法。全部共有三十五題，請算一算。

這三十五題在三十秒內寫完是毫無疑問可以做到的。當然，做這些問題並不是照這樣作答。要重新編排順序讓他練習。最慢也得在五十秒內寫完。通常練習二十回左右，就能在四十秒內做完。對於比較勉強的小孩，可以不只限於數與數的加法，我們可以將數印象化來練習加法。例如，4＋3可以用30頁的圖表示。

在4上加1等於5。從3的地方移1加到4上，剩下2，結果4＋3變成5＋2。任何小孩張開手指都能馬上數出手指有幾根。4＋3或許難一點。但5＋2是

1＋5＝	3＋5＝	5＋5＝
1＋6＝	3＋6＝	6＋1＝
1＋7＝	3＋7＝	6＋2＝
1＋8＝	4＋2＝	6＋3＝
1＋9＝	4＋3＝	6＋4＝
2＋4＝	4＋4＝	7＋1＝
2＋5＝	4＋5＝	7＋2＝
2＋6＝	4＋6＝	7＋3＝
2＋7＝	5＋1＝	8＋1＝
2＋8＝	5＋2＝	8＋2＝
3＋3＝	5＋3＝	9＋1＝
3＋4＝	5＋4＝	

多少，都能直接地答7。上圖是代替用手指的算法，正方形所疊的圖正表示印象化的圖形。

同樣的，2＋4、3＋3或3＋4等，都能立刻理解領悟。在腦海中瞬間地挪開小方形塊，立刻回答答案。若3＋3的話，在一方3個正方形之上再加2個而成爲5。這邊5再加上另一邊剩下的1，那立刻就知道是6。

再來是6＋3或2＋7的問題。做法也是相同。請看31頁的圖。

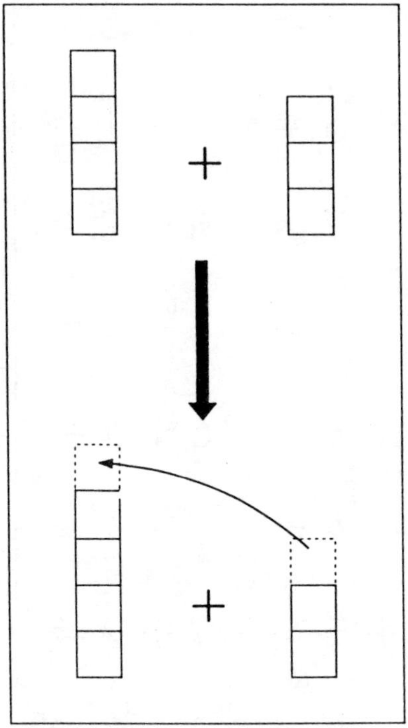

若是6＋3，就變成5＋4的形式。3＋6或是6＋3的問題會「嗯、嗯」地一直考慮的話，變成5＋4時，他會立刻答9。要立即回答必須要花時間來練習。持續一週之久，就能果敢地迅速回答。

到目前爲止的加法都是在

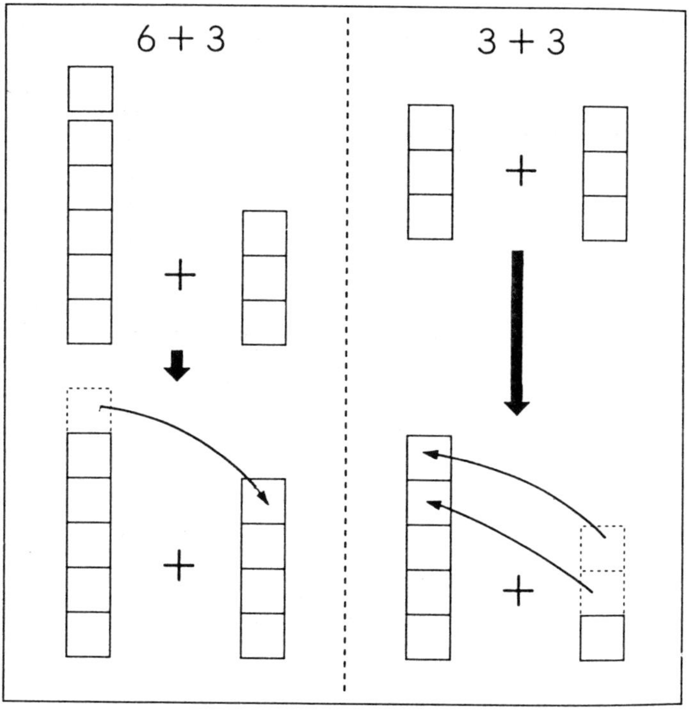

10以下的答案。千萬別忽略它，非得好好地練習不可。稍微放鬆一點也沒關係，若這樣放縱自己，再進入下一階段的話，一定會遭到困難。漫不經心的態度只會一籌莫展。

怎麼教他進位的加法《二年級》

終於做完基本的計算。現在全部有三十六題。請看左表。

2+9=	6+7=	8+6=
3+9=	6+6=	8+5=
3+8=	6+5=	8+4=
4+9=	7+9=	8+3=
4+8=	7+8=	9+9=
4+7=	7+7=	9+8=
5+9=	7+6=	9+7=
5+8=	7+5=	9+6=
5+7=	7+4=	9+5=
5+6=	8+9=	9+4=
6+9=	8+8=	9+3=
6+8=	8+7=	9+2=

這些加法，答案全部是11以上。通常稱爲進位的算術法。若不能很敏捷地算出這些加法，往後的計算就很難順利地求答案了。雖說如此，但要完全死背，效果不太好。雖然要多花一點時間，仍然得用圖形來表示更能容易求出答案。讓我們來表示9＋4與8＋6的情況吧！

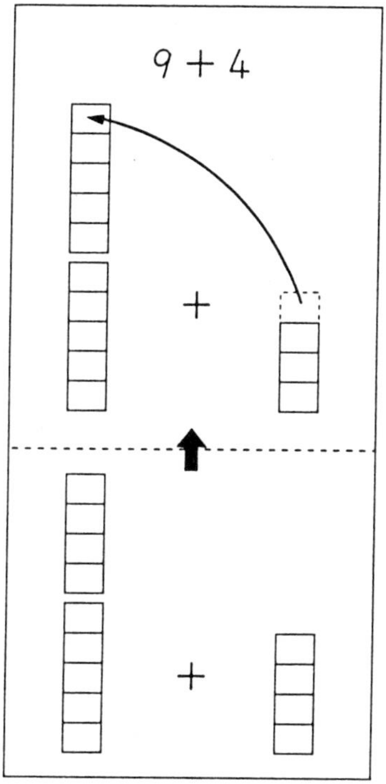

9＋4如圖所示很容易理解的，但8＋6的作法就要用五二進法，的確是蠻奇怪的算法。這是數的計算上以正方形的方磚來使人理解的方法‖來自數學教育協會構想的水道方式的提案。

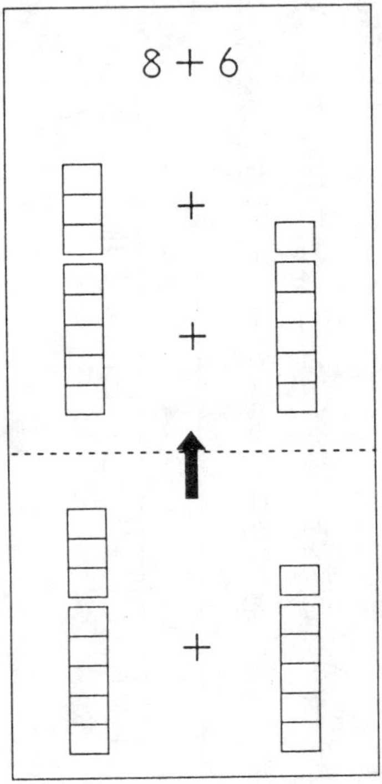

8是5與3、6是5與1的和。因此，8＋6等於（5＋3）與（5＋1）的和。前項5加5等於10，剩下3加1等於4，所以和為14，如此向孩子解釋很容易就了解了。這是四年級的學生說的。

「都沒教我們這種方法。學會這種作法，加法很容易就學會了。」

當我們做一件事正感到頭痛不知如何處理，在了解關鍵之處時，是多麼地喜悅。所以，熟悉五二進法之後，基本的加法計算就做起來輕鬆多了。

先前列舉的高難度基本加法十題，再讓他做一遍吧！再怎麼遲鈍的小孩，做答

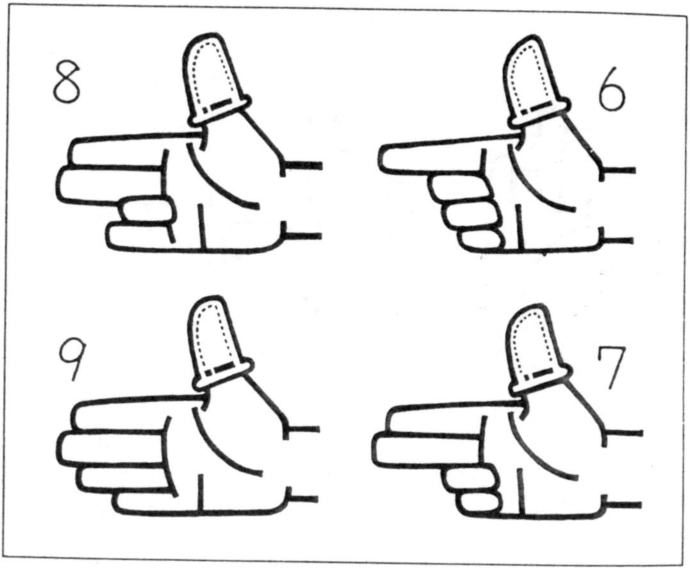

速度也會加快。一定會在十秒整做完這十題。

對這些進位的基本加法，很難做得很順利的孩子，可以教他用手指來算。雖然禁止「不可以使用手指」，但為了要更了解算法，仍然還是得用具體的數——手指。數字的表示法，如上圖所示。1 2 3 4 5則依手指的順序豎起，6 7 8 9就有不同的表示法。這是採用五二進法。

不用手指就算不出加法的小孩，問他8＋6是多少，他就算不出來了。因為手指只有十根而已。有時，甚至還連脚趾都用上了。這得花上相當長的時間來算，實在很麻煩。

在此，將拇指當作5。爲了表示不是1而是5時，用紙或橡皮套蓋住拇指作記號。

8的表示比較難，只要習慣了就能很迅速地表示。

8＋6的計算就如左圖所示。

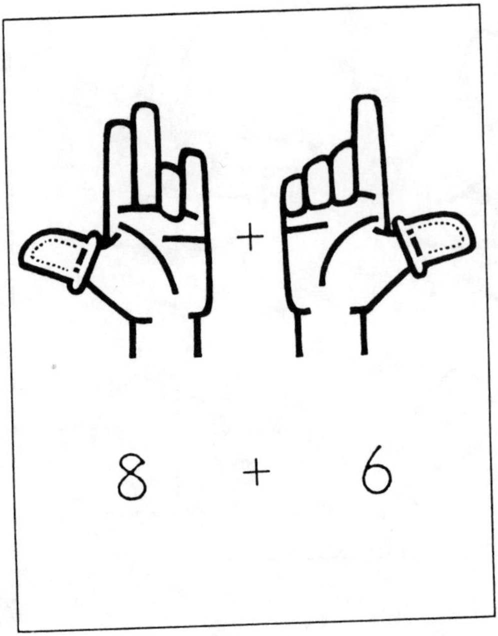

左右手的拇指各表示5，所以合起來是10。右手豎起來1指，移到左手的彎曲的手指就變成4。10加4就等於14。像這樣用手指來算，比其他孩子發育遲緩的小孩也會很有趣地學習著。對這種進位教授的加法就輕而易舉地算出來。應該好好地學好指法五二進法。

使計算速度變得超快的神祕練習法《二年級》

要使基本加法很迅速地算出來，必須好好練習所教過的方法。即用同位數的加法，先算答案只有5以內的題目，然後再算10以內的題目，最後再做進位的計算——這三個基本的加法若不能切實地學習，往後就會有許多孩子會如預期中不會計算的情形出現。

並不是隨便讓他做計算練習。而是要花時間，不催促，不焦躁，毫無拘束快樂地練習。現在有位比較遲鈍的小孩，不是因爲他比普通孩子遲鈍所以更急著讓他做種種的練習。任何一位小孩，要是不能很快樂地面對功課，大人就要花更多的力氣來指導。

幸好練習了；有了練習自己的能力增強了；我不再是傻瓜了——要讓他本身有這種想法的教法是很重要的。

其中最有效的方法之一是百格方塊計算法。

基本加法100題練習

+	3	5	8	4	2	0	6	9	7	1
3										
5										
8										
4										
2			10							
0										
6										
9							15			
7										
1										

做法很容易，設計問題的方法相當簡單。印證答案的方法也很輕鬆。而且不需要父母在旁督促。父母一同工作的家庭，單親家庭，因社會活動多而繁忙的家庭，這種不能在旁監督孩子的功課的家庭，這套辦法的確十分可行。

雖然是非注意不可的事情，絕對不可太心急，也不能因爲他比別的孩子遲鈍而責備他。對發育慢的小孩所評估的基準是他答對的題數是否比昨天增加了?是否寫答的速度比前天快了?是否比一週前更有進步了?

雖然只是稍許的進步也要褒獎他一下,「進步了呢」「速度也快了喲」。有時,「這陣子,整個人都變了似的很努力學。休息一下吧!吃點點心如何」等稍加慰勞一下是最好的表揚法。

我認爲以有效率的基本加法練習最適當的方法是這種百格方塊的練習。因爲不必花太多的金錢或時間。

這樣出題的。横的直的各畫十一個方格,在左上角用紅筆寫+。在最上一排用紅筆任意塡上0至9的數字。最左欄也以相同的順序寫上數字。熟悉之後,可以讓孩子自己出題。只花三十秒就可出題完畢。再來需要一個有秒針的時鐘。「準備,開始。」一定要從左邊開始練習起。若只重視速度,只會造成小孩亂寫。

若先寫0,再寫1、2、3等順序的算下去,這是種瞞混的作法,一點也無法增長正確而且迅速算加法的能力。因此要依順序從左列開始做練習。而且,要讓小孩子對任一加法都能自動的回答爲止,不斷地練習。

這種基本的一〇〇題加法，一般的小孩只花四分鐘左右。要他練習到花二分鐘左右就做完。至少，依練習的次數爲比例，要漸漸地加快速度。

此計算練習最長以十五分鐘爲限。因爲久了手指會酸，也會刺眼，更會頭昏腦脹。最多以二〇〇題爲適量的題數。開始以十分鐘來做二〇〇題，不久十分鐘做三〇〇題，再練一個月左右就能做四〇〇題了。超過一萬題的話，平均一〇〇題只花二分鐘而已。再過半個月，就可做完二萬題了。如此的做法可使加法達到純熟的地步。而且也可以一秒做一題。三年級以上的小孩一定會做得到。說不定與大人相等，不，一定會超越大人的能力。怎麼做也無法增進速度的小孩，一定在什麼地方有困難。這是因爲很多如7＋8或6＋7等進位計算沒有好好認眞的做。不過，有些小孩甚至連3＋6或2＋7這種比較容易的問題也不太會。

可以看看他對那一列的計算花的時間較長，就可以明白他對它比較棘手。小孩感到頭疼的是678這三列。在做的不順的地方，由於在旁看他做，所以很容易注意到，應該記錄下來。第二天就以他最不熟練的題目做爲練習的重點。準備正方形方塊，再次以圖來教導。而且可以更加強數字的計算。

需要花一週的時間才能眞正學會。人與機器不同，不能馬上記下所有的事，一定會忘掉或記憶模糊，這都是理所當然的。萬人之中說不定有一人有超越的記憶力，但一般才華出衆的人也會有遺忘的事。爲了防止忘記，爲了能好好地記下來，每天非得一點一滴地反覆練習。到自動的瞬間的說出答案的地步要一星期的時間。絕對不能急躁。太焦躁而責備、挖苦、嘲諷，必定會造成孩子討厭傾向。

所有小孩之中，一定有些孩子計算比較慢。二十人之中就有一人左右。這種孩子，每天不斷地練習，雖然一個月，二個月還沒進步，經過三個月後會突飛猛晉，比別人更敏捷地計算。連父母都嚇一跳。甚至還懷疑「他眞的認眞在學嗎?不會是隨便亂寫吧!」在對答案時，還眞的都做得很好。

一句「哇!做得不錯!」對小孩來說，是比什麼都好的獎勵。孩子本身也會很驚奇，一定高興的不得了。還有小孩子會因爲父母的一句話感動得哭了起來，這天也就是孩子新的轉捩點，値得慶祝的日子。

今天比昨天好，明日比今日棒，這種不斷自我挑戰，有理想、展望的孩子，前途無量。百格方塊計算可照努力的程度作比例的延伸。可以對自己產生信心，誇耀自己，而且是回復自信的最佳方法，沒有比這更能伸展數學的思考力。不但可以讓自己發現自己的能力，而且沒有其他方法可以比擬的卓越的讀書方法。

現在對難的計算比較遲緩的孩子不需緊張。只要讓他練習一定會有神速的進步。今天比一週前，比前天，比昨天更正確而且迅速地回答，本來計算能力就不錯的孩子，稍加練習，一〇〇題只要一分二十秒左右就完成了。一開始不需要求太快。一進一退，對這樣的孩子而言，基本的加法練習幾乎是沒什麼意義，也毫無效果可言。計算還是很緩慢的孩子，用百格方塊計算法效果非常顯著。

在學習過程中，小孩子一定會說。

「喔，我不笨嘛」「我知道我不是傻瓜」「只要努力我一定會做到，好高興哦」。

減法要先從結構教起

《二年級》

基本的一〇〇題加法會了之後，再來練習減法。有些孩子可以馬上用百格方塊來練習，但計算能力還不是很好的孩子就非得從基本開始不可，在不了解減法的意義或構造，即使多次的練習，還是引不起孩子的興趣來學，雖然時間花得很多，還是沒有顯著的進步。

一般認爲減法比加法難，但實際讓他練習的話，幾乎速度可以相同。大多數的人認爲減法比較費時間，但是與加法比起來，減法的練習量比較少。

減法也是要從基礎的算法開始。加法是先以5以內的數作合成、分解的運算，然後再做10以內的數的合成、分解，減法的理解與熟練不需要這麼費時就能了解。請做下頁減算的例子。任何一題應該很快就答出來。

上述的減法，任何一位小孩都能很迅速寫出答案。要是還有人歪著頭在想，或是用手指在算的話，就算是退步了，應該再做一次加法的練習。認爲做到這樣加法

5以內的減法(21題)

0－0＝	1－0＝	5－1＝
4－1＝	2－1＝	4－3＝
5－4＝	3－2＝	2－2＝
3－3＝	5－0＝	4－0＝
3－1＝	4－2＝	3－1＝
1－1＝	5－3＝	2－0＝
5－5＝	4－0＝	5－2＝

就算可以了，或是自滿現狀就放手不管，一到了減法一定立刻慘遭滑鐵盧。但假性低學力兒童不用到一星期也能很敏捷地寫答案。

所謂的假性低學力兒童是指依賴性強的小孩。儘管知覺能力隨著年齡的增長而發育，這些孩子只有學力無法達到該學年應有的水準。這類小孩的特徵是，會和父母頂嘴，會背著老師掃地時間偷懶，到處散播朋友的壞話，欺侮弱小的孩子，瞞過店主人偷東西，做壞

10以內的減法（40題）

8－2＝	7－4＝	6－1＝	9－2＝
9－7＝	9－0＝	10－5＝	10－9＝
10－0＝	8－7＝	9－8＝	8－1＝
7－1＝	10－1＝	10－8＝	7－3＝
10－6＝	7－2＝	7－5＝	10－2＝
8－3＝	6－3＝	9－1＝	6－4＝
9－6＝	8－0＝	10－7＝	9－5＝
6－5＝	9－4＝	8－4＝	7－0＝
6－2＝	10－3＝	7－6＝	10－4＝
9－3＝	8－5＝	6－0＝	8－6＝

事被發現時就把責任推給別人等等，他們具有這類有智慧的才能。

話說回來，還是有很多孩子很機靈，讓人覺得才智洋溢。絕不是腦筋遲鈍。但是說到讀書與他的個性就不太合了，一點也不想用功。在教室，上課中常私下講話、打架，忘了帶作業等事經常發生。寫字方面最令人傷腦筋的是字又髒，寫得又慢，又是錯字連篇。

做父母的、老師經常又會說：

「頭腦不錯的孩子嘛！」

「這孩子很聰明。一定會進步的！」

經常採低姿勢，一點也沒有提昇的績效，只是如井底之蛙般的學力水準，這種孩子就叫假性低學力兒童。大部分是屬於不常讀書的孩子。他們若有聽課，一定會

了解，做作業也一定迎刄而解。知覺能力與其他孩子比毫不遜色，只是貪玩而已，不如說他經驗豐富。

有心要學、認眞地讀書的話，很有可能會有突飛猛進的成績。

前面所列舉的十以內的減法，能做到馬上答完的地步，只要一分鐘也能輕鬆地做完。

減法可以左右對算術的喜好與厭惡《二年級》

15減7這種退位的計算，能瞬間算出來的孩子，幾乎可以算是數學很擅長的小孩。而討厭算術的孩子大部分是對於這種需退位計算的減法算得比較慢。不喜歡算術的小孩，非得從基礎好好地再出發不可，從一年級做起。

在練習基本加法時以圖來表示的正方形方塊，在訓練減法時也發揮很大的威力，容易讓人理解。可能的話，孩子本身可以用厚紙板裁成方塊來練習。別人給的東西容易馬上弄壞，而自己做的東西會比較珍惜。

正方形的方塊，做成三公分的正方形二十個，3×30公分長方形一個，3×15公分的三個。長方形每隔三公分作個記號。將長三十公分的長方形畫成十個小正方形。畫上斜線。翻過來還是細長的長方形。十五這個數，就用這方塊表示。用細長的長方形與五個三公分正方形排成。

接著，就問孩子。

「在教室打掃，是男生與女生一起做的吧！其中男生有七人，那女生有多少人呢？」

舉出具體的情況讓孩子想像。用方塊算出來。然後，問他：

「怎麼算出來呢？」

減法只是這樣嘻哈地練習並不能進步。要讓孩子思考如何才能很伶俐地求出差。當然不是只有一種方法，可以發現有很多作法。與加法的情況相同，使用正方形方塊讓他思考，孩子也會想出很多方法。

請看左圖。15減8的表示。

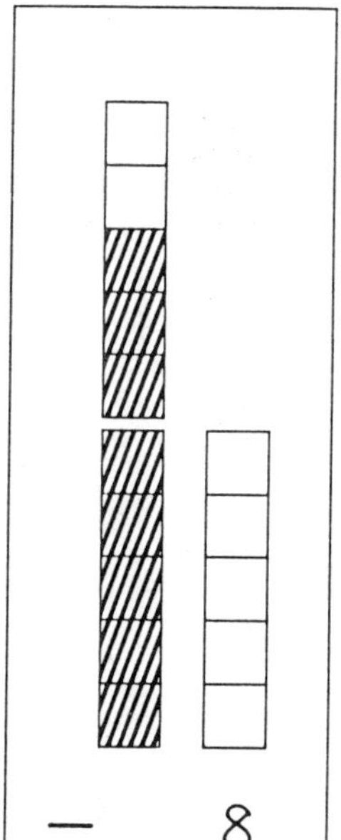

從10取8剩下2。將2與所剩的5合計得到7。一看就明白。另外還有別的算

法。如圖所示。

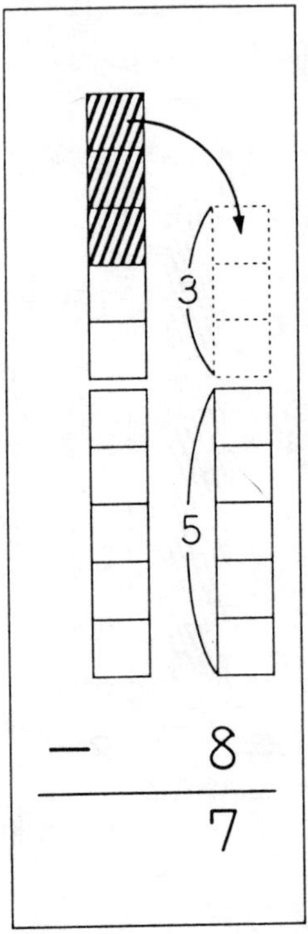

會有孩子這麼想吧！

5不能減8，爲了要能減，必須在5之上加3。而成爲8。8減8等於0。移過來的3是從10調過來的，所以原來的10就剩下7了。

所以答案等於7。

別的小孩或許會說：

「因爲5不能減8，所以倒過來8減5等於3。而3的補數是7，答案是7。」

看正方形方塊的運算，應該有些孩子會發掘更多不同的算法。不管什麼思考法

退位的基本減法（36題）

11－2＝	12－4＝	13－7＝	15－7＝
11－3＝	12－5＝	13－8＝	15－8＝
11－4＝	12－6＝	13－9＝	15－9＝
11－5＝	12－7＝	14－5＝	16－7＝
11－6＝	12－8＝	14－6＝	16－8＝
11－7＝	12－9＝	14－7＝	16－9＝
11－8＝	13－4＝	14－8＝	17－8＝
11－9＝	13－5＝	14－9＝	17－9＝
12－3＝	13－6＝	15－6＝	18－9＝

或作法都行。只要能求出正確的答案，對孩子而言都是一種發現，一項發明。值得獎勵。

具有退位相減的基本減法，全部有三十六題。（參照上一頁）對兒童而言，這三十六題的確很難。但是算術能不能成爲得心應手的科目的關鍵所在。

這種減法必須要特別提出來練習。任何問題，只要在頭腦裏浮出方塊的運算就能求出正確答案。雖然多少要花些時間，但對日後非常有幫助。

到了某種程度的回答速度之後，將這三十六題的出題順序變更一下，再繼續練十天左右。每天只做五分鐘。缺乏興趣的孩子要是指責他速度慢，或寫錯答案而不斷地不適量地讓他練習反而不好。因此禁止濫加地讓他算。

讀書，必須在快樂的氣氛裏，而且愉快的情緒下來做會比較有效率的。

做父母的，絕不能讓孩子有一種想法，認爲讀書是件痛苦的事情，是多沉悶的工作，不然只會讓他更討厭讀書。

三個月就能使減法達到完善境界的百格方塊練習法

《二年級》

完全理解基本減法的算法之後，再反覆練習，要練到不用每題都考慮半天，很迅速地寫出答案。

減法百格方塊練習與加法相同，不能催促太急，不能太急躁，要慢慢花時間，對，要花上三個月有耐心地練下去。

做答的方法是最上欄的數減最左欄的數，將答案填入。低學年時不常做這種基本的減算練習的小孩，要花五分鐘以上來算這一〇〇題，實在速度太慢。

不會這種基本減法的小孩，到了四年級要算很多位數的除法時就會束手無策了。那就成了眞正不努力的放牛班小孩了。

不懂基本減法不能就棄之不顧。一定要跟在後面督促他。不能縱容雖然只是遲了一點點而已，算了吧，沒關係的。和基本加法一樣，每天十分鐘，持續練三個月。儘可能要練到二分鐘內做完一〇〇題，當然要做到近二萬題的練習。有些孩子算

基本減法練習100題

－	13	15	18	14	12	10	16	19	17	11
3										
5										
8										
4										
2		13								
0										
6										
9				5						
7										
1										

這種減法會比加法更快。

計算差的孩子最怕碰到三種運算。第一是基本加法；第二是基本減法；第三是基本除法。爲了要讓他了解除法的算法，若不會基本減法，任何除算，分數的四則運算，都只能慢吞吞地來算。

基本的減法是解決討厭算術，對算術比較笨拙的小孩問題的最重要的練習。因此，至少至少要練習一萬題。

自然沈迷於連加十次的一人練習法《三年級》

做父母的沒有時間每天每晚都陪著自己的子女做功課。大人都是忙碌，任何家庭對小孩所說的話都大同小異。最常說的，如「快點」「快寫」「快、快」；再來就是「去讀書」「寫功課」；第三則是「傻瓜」「笨蛋」「蠢」等罵人口頭禪。

每位家長都沒有太多空餘的時間，心情比較焦躁，所以容易疲勞。經常會說「累死了」、「疲勞」。像這樣身心都如此勞累，陷入慢性疲勞的父母，實在無法督促孩子的功課。

因此，必須提出孩子自己一人就能練習的方法。對基本加法、減法都很純熟的孩子，要讓他更熟練，所以讓他練習連續十次加算或十次減算的計算練習，很意外地他會很熱中地做。在短期間內，比兄長或姊姊，甚至父母更能很快算出答案。非常努力學的孩子甚至會超越他的級任老師。要是勸他不要再練習他還聽不進去，簡直就像以這爲嗜好一樣。

做法其實很簡單。能在二分鐘內做完基本加法的孩子，等於做完一年的課程。

所謂二年級課程是在紙上最上端任意寫二位數。假設這個數是38。38之下同樣寫38，求出二者的和。求出答案之後，再在其下面寫38，然後再算其和。一個接一個地加下去，在第十次加完之後，答案爲原來數的十倍。在中途有錯的話結果就不是380了。再一次仔細檢查訂正，一定會是380的。不管願不願意，驗算一定要做。這十次加法能在四分鐘內答完的話，算是及格了。接著做三年級課程。

（二年級課程）

```
   38
+  38
-----
   76
+  38
-----
  114
+  38
-----
  152
+  38
-----
  190
+  38
-----
  228
+  38
-----
  266
+  38
-----
  304
+  38
-----
  342
+  38
-----
  380
```

三年級課程是指三位數的數字加十次。隨便任舉三位數，爲了不讓運算太容易，所以避免使用！

（三年級課程）

```
   638
+  638
  1276
+  638
  1914
+  638
  2552
+  638
  3190
+  638
  3828
+  638
  4466
+  638
  5104
+  638
  5742
+  638
  6380
```

與二年級課程相同，四分鐘做完算及格，再向四年級課程邁進。就是連加十次四位數。六年級課程完了時，大致加法的實力已確實了。請各位試一試，能在四分鐘完成就算過關。

（六年級課程）

```
   496873
+  496873
   993746
+  496873
  1490619
+  496873
  1987492
+  496873
  2484365
+  496873
  2981238
+  496873
  3478111
+  496873
  3974984
+  496873
  4471857
+  496873
  4968730
```

這種十次加法可以稱得上積木式算法。這種方法，加算的所有型式都出現了，而且十次加完的答案，一定是原來數字的十倍，所以可以節省合計的工夫。這是一種，任何時間、任何人、任何場所都可以做的計算練習法。

六年課程都及格的小孩，大概可以和父母媲美速度了。而且，一定會向更難的課題挑戰。雖然不是好強，但是孩子有此欲望，可以再定名國一課程、國二課程、國三課程，將位數一一地增加也行的通。到了國三課程，或許大人都有點拿他沒辦法了。所以能完成的孩子，還是有高中課程的，在此介紹十位數連續十次加法運算。一般的父母大概已經不想再讓他練了。光是督促就累。

現今的教育制度中，四年級階段是最棘手的階段

現在父母親這一輩，在民國三十～五十年代的小學教育中，所教的內容是最容易的，而且有足夠的時間教授的年代。與目前的教育相比較，可說是較能輕鬆愉快地接受教育的時代。今日的家長們，幾乎沒有全力一擊的唸書經驗。年齡三十到五十的教師也一樣。他們共同的地方是計算速度慢，又經常出錯。字也寫得不太好。筆劃順序也模稜兩可。

然而，現在小孩子卻接受世界第一難水準的內容，以世界第一快的速度傳授。試舉三個例子。

一九七〇年以前的小學裏，在入學時都不會寫國字的小孩，只要花四至十個月，平均每天教一個字，任何一位孩子都能記住了。

一九七一年之後，教科書的內容從一年級到一年級中期左右都變得很難了。經常一次教五、六字，所以出現很多不會寫的孩子。在入學前，大致都還會讀寫國字

的孩子，還能輕鬆的應付，「幼兒不需要教他識字。識字之後，相反地無法集中唸書的精神」基於這種想法的父母就不教孩子識字，所以孩子在入學之前都不會讀寫文字，如此一來，一開始就非常痛苦地學。

以前，一年級才教完8＋6或9＋9。現在，却已教到83＋7的十進位計算了。計算方面也加難了。

到了二年級，有九九乘法。過去，在二年級約十一月起到三年級的五月，很緩慢，很愼重地，而且反覆好幾次地練習學來的。7的九九乘法是最難背的，所以還花了二星期的時間教。但是，今日二年級，花二週的時間教52341段的九九乘法，一月花一週教6789的乘法。

加減法也變得更難了。現在大人們在二年級的時候，最難的減法是如83減37這種二位數減二位數的運算，而今日已經學習四位數的減算了。而且只花一小時就教完了。在以前，四位數的減法到四年級還花一星期才教完。二者相差快一年半的時間。

到了三年級，開始教游泳課，也就疏忽了教科書，而五位數減五位數的計算問題也只教幾題。教太多孩子會受不了。特別是十位或百位上有0的數的計算，最令孩子們頭痛。爲了要好好地教導他們，無奈大夥上完游泳課之後都身心疲憊。每位小孩都筋疲力盡了。整個人鬆軟無力就無法唸書，汗臭滿屋的教室內，要學一些煩人的計算，誰都討厭。況且在嚴酷的殘暑之中有運動會，要每天練習。老師、孩子也都很疲倦。

噪音、活動終於沒有了，學校也歸於平靜。但這時遠足、繪畫等不同活動陸續展開。不只這樣，被教育委員會指定爲指定研究學校，必須要有公開的研究發表。在這期間，任何一位老師都慌張地在校內奔波。再來就是音樂會。要花上平常二倍、三倍的時間來練習，不然就無法認眞地演奏或合唱。

在熱鬧繁忙的旋渦中，音樂會結束後，立刻擧行考試，編制學期成績單。在商店街傳來耶誕歌。五位數減五位數的計算要等到何時才能教呢？

暑假終了就是四年級。四年級是學五位除三位。大部分的孩子對這類的除法比較難懂。這是因爲四位數、五位數的減算沒有打好基礎，當然不會。沒去補習的孩子就遭到毀滅性的打擊。

做父母的發現孩子如此的哀愁。「那是因爲你不用功只會玩的緣故。上課時老師的解說沒仔細聽，在私底下玩吧！考這種分數，要怎麼跟你父親交待」。「雖然討厭上補習班，但沒辦法了。明天起開始去補習！」孩子只好嘟著嘴，一副垂頭喪氣的表情。

就因爲如此，四年級就去補習的孩子愈來愈多。

讓減法更有樂趣的『積木算』方法

《三年級》

爲了不在除算受挫，必須要好好地練好減法運算。二分鐘能寫好基本加法的孩子，讓他做做減算的積木算法。

一年級課程是百格方塊計算。已經及格的小孩讓他做二位數連續減十次。和加法比起來，合格的基準比較鬆。五分鐘答案爲0者算合格。出題方法將任意一數的十倍寫在最上端。然後再減去設定的數。求出答案之後再減相同的數。依這種程序反覆算，到最後答案必爲0。這樣也可以確認途中的計算是否正確。

有些小孩只求答案的結合相同就好，運算過程都瞞混過去。可以在減第五次的答案要是原來數的一半才是正確的。二、三回被發現偸懶的小孩，以後即使再慢也能正確地算。

左邊的二年級課程的例題。基本加法的百格方塊計算已到純熟的地步了，所以五分鐘之內一定能輕易寫出來。

會做二年級課程之後，再來就是三年級課程。設定任意的三位數。

（二年級課程）	（三年級課程）
940	2870
− 94	− 287
846	2583
− 94	− 287
752	2296
− 94	− 287
658	2009
− 94	− 287
564	1722
− 94	− 287
470	1435
− 94	− 287
376	1148
− 94	− 287
282	861
− 94	− 287
188	574
− 94	− 287
94	287
− 94	− 287
0	0

五分鐘做完就及格。然後邁向四年級課程。這時，能在五分鐘內寫完的孩子就減少了。百格方塊計算能在二分鐘以內寫完的孩子，就覺得比較輕鬆了，但是要花點時間的孩子要在五分鐘內完成，就太勉強了。要他五分鐘內完成，很容易因爲焦躁、急慮、想錯而失敗。要是發現某過程錯了，應立即中止練習。

容易錯的地方有二點。一是被減數有0的情形。剛才的例子，如左邊。

$$\begin{array}{r} 2009 \\ -\ 287 \\ \hline \end{array}$$

9減7，誰都會寫2。但0不能減8，不過從百位數借10來就能算了。10減8等於2，所以會寫2。再來就沒辦法了。百位數是0，這時沒注意的孩子，會認爲10減2等於8，所以寫8。千位數餘1，所以答案爲1822。

別的孩子，就因爲有二個0，他更迷惑搞不清了。9減7等於2，0不能減8，所以向千位借10，10減8爲2，百位也是0不能減2，所以又向千位借10減2爲8，結果千位就沒數字了，答案就寫822。

還有孩子，不能減時，就由下面被減數反過來減，把答案寫成2222或2122了。這樣的孩子，就一定得用方塊來解說減法的算法讓他了解。

2009是2000與9的合成數。百的地方將它合成20，再加上9。用正方形方塊表示就成了下一頁的圖形。

本圖，個位數上有9個小正方形。十位數與百位數都沒有正方形。千位數用一個有100個小正方形組成的大正方形排成二列，有20個。等於說有二千個小正方形。

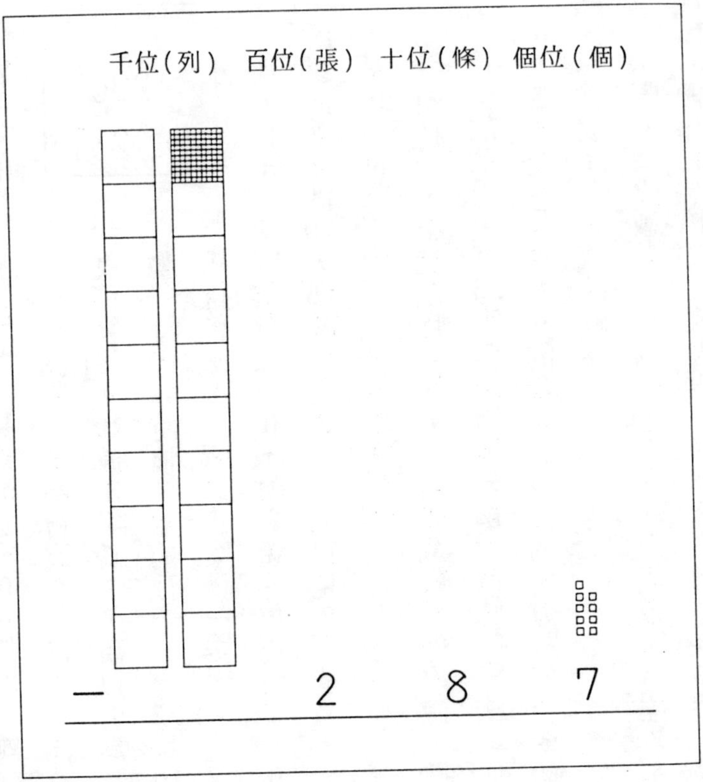

然後對孩子說：「9減7的答案寫在下面」誰都會寫2。「接著要減十位數。要減，可是沒有可以減的。怎麼辦呢？」「你看，2009。十位數變成03，不是嗎？」「對了，那接著怎麼做？」「從千位借數就好了」在實際上，這代表千的細長方塊就變成百位。將代表100的10張正方形切開。如圖所示。

但是十位數沒有小方

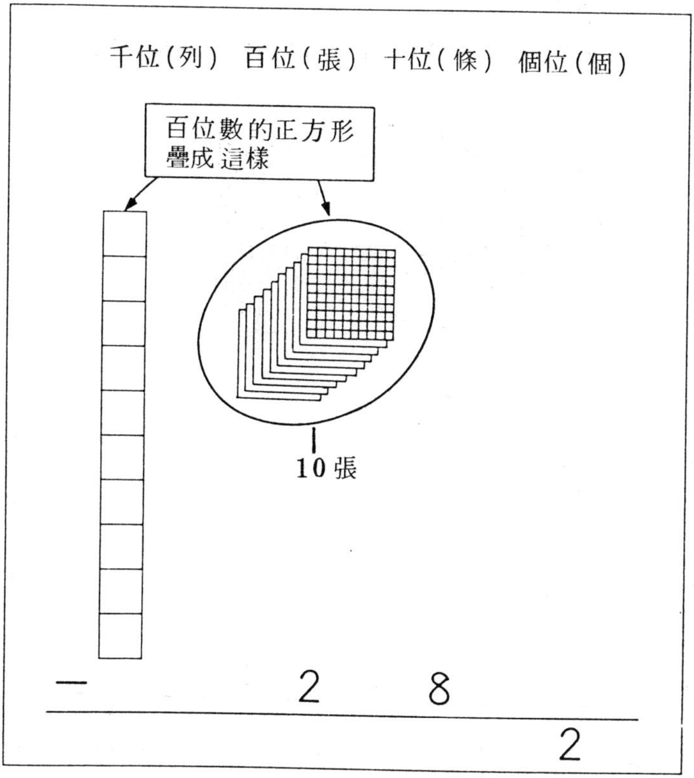

塊。還不能減。然後將百位的十張移一張到十位去。將它裁成十條紙。也就是10變成十條長紙。

如此，就能運算減法。在千位，只留一列表示千的方塊。百位只剩下九張表示百。十位上，表示十的方塊有十條。

從十位數開始吧，10減8等於2。百位9減2等於7。千位數1減0等於1。答案是1722。雖然比較麻煩。但使用方塊

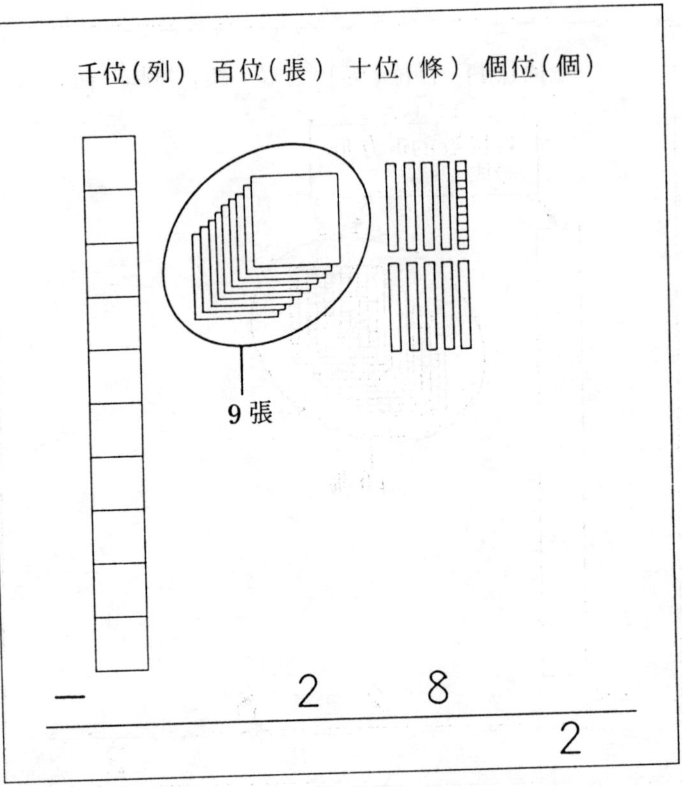

可以讓孩子更了解計算運算的意義。只是，「借10來減」這種機械式的作法還不十分理解，長大之後在計算上常常會算錯。唸書，一定要花很多時間才能弄得懂。這麽一來，孩子一定能瞭解發現在過程中這些作法的意義。學問，要是不下點工夫，就起不了大效果。

確實要能熟練減法的話，還得多練四位數或五位數連續十次運算。五分

鐘就能做好的話，就再向上一級課程挑戰。六年級課程合格之後，可以再練習一些比較成熟的減法。能做到這樣的話，小孩子就非常喜愛計算，能贏過兄姊，不久就能追上父母了。

對六年級課程能及格的話，請家人爲他慶祝一下。大家一起肯定孩子的進步。「和我們小時候不同。這年頭的小孩，很用功。」「你父親要是小時候和阿雄一樣用功的話，現在說不定更出人頭地了。」

這類的話，對小孩而言是無比的鼓勵。

「沒有中學課程嗎」，有意願要繼續做下去的話，也有國一、國二、國三，甚至高中課程都有。那就是計算七位、八位、九位、十位等的十次運算。全部都得在五分鐘之內做完，所以連大人都認輸了。

高中課程是將0至9的數任意排列，而且末尾的數爲0來計算。五分鐘之內能寫完實在了不起。四分鐘就做完的話，是不是就能做高二課程呢？可以，三分鐘寫完，可以做高三課程。二分鐘內做完的話，也能做大學課程。順便提一下，現在我所擔任的班級，最快的速度是二年級二分二二秒，四年級一分四四秒寫完。

十位數10回減算（5分）

```
  74201853690
－ 7420185369
  66781668321
－ 7420185369
  59361482952
－ 7420185369
  51941297583
－ 7420185369
  44521112214
－ 7420185369
  37100926845
－ 7420185369
  29680741476
－ 7420185369
  22260556107
－ 7420185369
  14840370738
－ 7420185369
   7420185369
－ 7420185369
            0
```

能到這種程度，大人再怎麼努力也絕贏不了。這種練習法，不但減法的所有型態都有，而且又能自己出題，是最有效的減算練習法。

就稱它「自由自在減算法」。

用錢來解釋減算的構造、程序更能了解 《三年級》

有些孩子無論怎樣都沒辦法正確地算好減算。只教他數的算法，再怎麼仔細地教，他都很難吸收，算的速度還是很慢。就算教他使用方塊，因所需地方太大頭腦裝不進去。這種孩子，不如用金錢來教他，比較容易了解，計算也能更確實。

教四位數的減法時，準備一萬元，一千元的紙鈔，以及百元、十元硬幣。例如，6003－2987就在桌上準備千元鈔票六張，一元硬幣三個。在桌上用有色的膠帶，將個十百千位畫分清楚。在千位放六張千元大鈔。百與十位空著，個位放一元硬幣三個，被減數就用數字表示。

這種方法，先從千位開始減，再依百、十、個位順序往下減。減法不擅長的孩子可以在腦裏利用這種方法來算，這種稱為頭算法，用這種自然的算法，比較容易理解。但是，要用筆算迅速地算出減法，就一定得從個位數往前算出答案，稱它為尾算法。

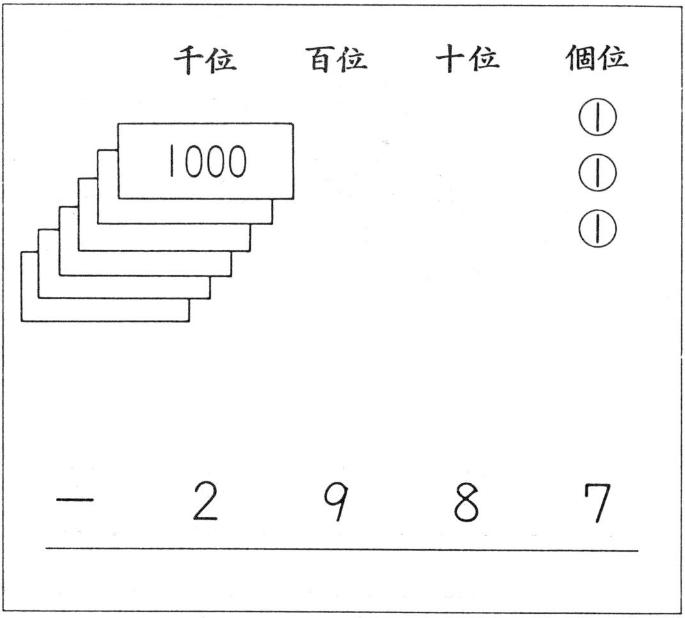

接著，就用與正方形方塊相同的算法來計算就行了。

首先，先從個位數開始。3不能減7，也無法從十位數借10，也不能向百位借。這時千元大鈔就要換成零錢。換了10張百元紙幣。

然後，將10張百元紙幣放置百位數上。將其中一張換成十元硬幣。

將十元硬幣10個放置十位數。將其中一枚換成一元硬幣10個。

這一連串的換零錢的手續之後，錢就變成下頁圖的樣式了。

被減數比減數大時，不能直接減的情況下，必定將大額的現金換成零

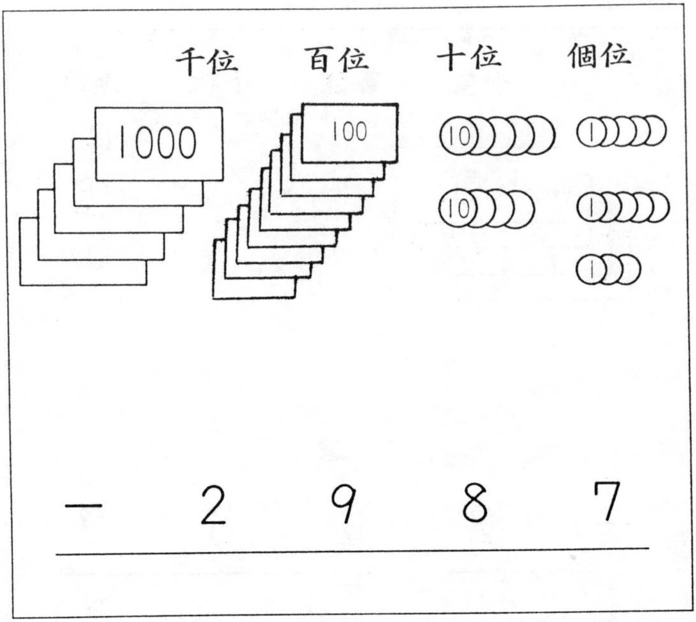

頭，變成小額的現款。如此一來，再一次計算，任何一位不會減法的小孩也能不費力地寫出正確的答案。不管位數再多，只要這種替換的手續沒有錯，即使一年級的學生，做起來也會很輕鬆。

對減法感到棘手的小孩，對這種替換法經過十回二十回一個人思考的作法，同時也能對減法的構造、過程逐漸理解明白。每天只要二十分鐘就可以了。持續三天的話，就能完全了解減法。

會算四位數的減法的孩子，對五位數也能很快就學會，要是還是有點疑惑，可以使用一萬元的大鈔（自己製造替用）。

替換法對不了解減算的孩子是一副很有效的良藥。

九九乘法表，要先從哪一段背起比較好　《二年級》

算術裏，不會九九乘法是一件致命傷。九九乘法是二年級時要學的，要是只是稍微理解的話，無法在實務上應用，怎麼說才好呢？只是身體上記起來的程度，無法眞正的吸收，在應用上是沒多大的幫助。因此，有必要練習超過萬次以上。若九九乘法背不熟，或回答很遲緩的話，那一定會落後其他學生。

九九乘法從2段開始是很自然的。讓孩子就他所知道的東西中找出一組有二個或是一對的事物。要是一時想不出的話，可以提示他，「你看，腳踏車的車輪不是二個嗎？一台有二個輪子，那二台呢？」「四個」「三台呢」「六個」，那2段就很容易明白。「那二個爲一組的東西還有其他的吧」「嗯，眼睛」「啊！眞的。沒有了吧」「手、腳、耳朵、眉毛、鼻孔、牛角」等，可以列舉很多。「還有呢。眼鏡、雙子葉、筷子、相聲」等，很多出乎意外的答案都有，連父母都嚇一跳。

在白紙上畫一台簡單的腳踏車。然後照左圖所示，讓他寫乘法的唸法。要用心地寫。讓他數一數答案是否與圖一樣。

一邊看圖一邊問他，「現在公園裏有五台脚踏車，總共有多少輪子？」有些孩子會立刻答十個。這種孩子已經能抓住乘算的重點了。但是，完全不會的孩子還是有。對這樣的小孩，畫一張簡圖，讓他看著畫一邊指出一台有二個輪子，二台就有四個，三台六個，四台八個，五台就有十個輪子了。

2 × 1 ＝ 2

2 1 得 2

2 × 2 ＝ 4

2 2 得 4

2 × 3 ＝ 6

2 3 得 6

⋮

然後幾次地讓他練習三台有多少車輪？二台的話，四台，一台，五台等不同情況下的車輪數。六台以上的情況，再過一會再練習。要讓他五台以內的脚踏車的車輪數，不需費太多工夫就能答出來。

同時，也可以問他，「0

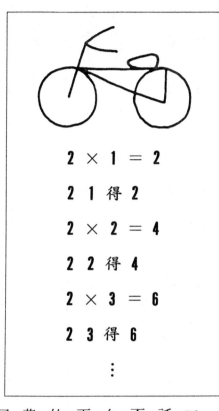

台的話，有多少車輪呢？」答案應該囘答「沒有」「0」。這麼一來，2×0至2×5的九九乘法都背起來了。

第二天再教2×6，7、8、9。做法相同，所以小孩很快就理解了。再來就讓他將2段的九九乘法全部貫通記起來。要一下子叫他全部背起來，對孩子可能會造成厭惡。這時，能加上一些親子的對口相聲，動動腦筋的話，也是有樂趣的。

父母要是說「20得0」，接著換小孩囘應「21得2」。接著父母又說「22得4」，孩子則答「23得6」，這種交替的作法，孩子也會很樂意地做下去。

低年級的小孩，一般而言還沒有能力一個人唸書，所以最少十分鐘，只要一點點的時間就可以了。父母陪在身旁做功課對於將來養成孩子自立地唸書有很具體的幫助。要自主的、自立的讀書並不是一下子就能達到的程度。

開始的時候，乘法表的二段項能在二十秒內背完就可以了。早中晚飯前各練習二回，三天來的話，就能流利地朗朗上口了。誰都能在十秒左右背好，偶爾還可以問他「2×6是多少」或「2×8呢」。經過一週的時間，就能瞬間地答上來。

二段的乘法已經能倒背如流的話，再練五段。二段的答案是2 4 6 8 10 12 14 16

3 段
三輪車車輪

台		個
0		0
1		3
2	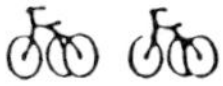	6
3		9
4		12
⋮		⋮
⋮		⋮
⋮		⋮
⋮		⋮
⋮		⋮
9		27

5段
手　指

根		根
0		0
1		5
2	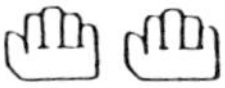	10
3		15
4		20
⋮		⋮
⋮		⋮
⋮		⋮
⋮		⋮
⋮		⋮
9		45

18 20，誰都能很快說出來。五段也是如此，孩子也能輕鬆地答出來。一般的小孩都會不猶豫地5 10 15 20 25……一直答下來。只是「5×7」這個問題還不能馬上回答。所以還是要和二段相同，舉用五個爲一組的東西，讓他把握乘法的意思與答案。

對孩子來說，最親近的就是手指了。有5根手指。畫個圖形，作一個五段乘法與讀法的圖表。雖然花時間，不過這種過程可以讓孩子從中了解五段的九九乘法的意義與讀法。邊寫可以邊暗記。過了三天，就能完全記住。

乘數	2段	＋	3段	＝	5段
0	0	＋	0	＝	0
1	2	＋	3	＝	5
2	4	＋	6	＝	10
3	6	＋	9	＝	15
4	8	＋	12	＝	20
5	10	＋	15	＝	25
6	12	＋	18	＝	30
7	14	＋	21	＝	35
8	16	＋	24	＝	40
9	18	＋	27	＝	45
10	20	＋	30	＝	50

三段可以用三輪車，作成算式與讀法的圖表。

二與三與五段的九九乘法都背好之後，再讓他把注意力放在答案上。二段的答案是2 4 6 8 10…。孩子會發現答案12以上又回到原來的順序。五段的話，也會指出它的答案都是5 0 5 0反覆出現。

三段的情形可以這麼說。「媽媽呀！知道二段與五段的算式。但對三段的答案不知道它還有秘密。老師教了之後才知道。你看這些答案。都是３６９所形成。還有12 15 18。12是由１與２所寫成的數吧！１＋２等於３。再看15，由１與５組成，合起來是６吧！18是１與８，合爲９。再來是21，由２與１組成，共計３，24是２加４爲６，27是２加７等於９，30是３加０爲３－－你看，九九乘法中三段的答案就變成３６９３６９３６９了。媽媽知道這件事後，還嚇了一跳。」

孩子一聽到數字的秘密（⁉）一定會睜大眼睛。這是日後在學習分數時，發現約數的關鍵，不能讓他死背九九乘法，要教他一些數字不可思議之處。因爲孩子是喜歡求知的人所以應該提供一些讓他喜歡算術的機會。要讓孩子更了解２３５段的關係，可用上圖表示。

看了這個表，大人都認爲是當然的事，但孩子會吃驚地說「啊！二段的答案若加上三段的答案，就等於五段的答案了呀！」若會這麼說，那他就發現了數的構造了。

自我出題可以迅速伸展應用解題能力《二年級》

這時候讓他做一些問題。不要做難的題目。只要能正確地答出的基本問題就可以了。首先，先用口頭回答。

「有四台脚踏車，全部共有多少個車輪呢？」

孩子一定會馬上答「8」。

2個×4＝8個
答　8個

「對。就是這樣。答得很好。那把算式寫出來吧！」一台脚踏車有二個輪子，所以寫成上列的算式。

「再出一題。這次比較難。要小心不要掉進題目陷井裏喲」可以出這類的題目。

「小孩子在公園的砂場裏玩。數一數有六個人。每位小孩都騎三輪車。那總共有幾台車呢？」

只說一次題目大概還不太了解文意，所以可以二次或三次慢慢地把題目說給他了解。或許孩子會要求你再說一次題目，大人應該親切地慢慢地再說一次。禁止責備他「你要說多少次才明白？」因爲不懂才會反問你。小孩子總是喜歡求知，所以不要讓他有厭惡的感覺。

了解題目的內容就能解。讓他把算式寫出。十之八九都有失敗的時候。然後半開玩笑地說「你看，受騙了吧！掉到陷阱裏去了。」孩子會覺得懷疑，一副呆然若失的樣子。小孩子一定會像上列所示寫出計算式。

像這樣先寫6。

$$6 \times 3 = 18$$

$$6\text{人} \times 3 = 18\text{個}$$

$$6 \times 3\text{個} = 18\text{個}$$

這個算式解釋起來，變成6人一群，共有3堆。答案有18人。

這個問題，是問車輪數總共有多少個。

換言之，三輪車有三個輪子，有六台三輪車，全部共有多少個輪子。等於一台有三個爲一堆，全部共有六堆。車輪數的合計是多少，才是要求的答案。

絕不是6×3。因爲3個有6個，所以一定要寫成上列的計算式。

到了五年級時，算術式上不寫單位或名數也沒關係。但四年級時，一定要讓他塡上單位或名數。要寫在算術式的乘數上。還有，是否有了解問題的內容，能不能正確地抓住問題的意思都可從他寫的算術式來判斷。

要寫算術式對孩子而言是比較難。只要答案正確就好了，一說到要寫算式就感到討厭。

但是，若不規定他寫算式，將來對問題總是不會解。

3個×6＝18個

答　18個

要延展解題的能力，應該想些問題讓孩子自己解，例如，利用五段來做題。

『買了六根糯米串。一串串有五個糯米團。總共有幾個糯米團呢？』

列舉一些問題，讓孩子能立刻求出解答。然後可以再作些題目問他『撲滿裏有七個5元硬幣。共多少錢？』

利用所學過的計算，出一些練習的問題，可經由事實或經驗以文字來表現的能力。在出題時，最好與現實有關連，讓他有臨場感的能力。就是能具備印象化的能力。

不擅長寫應用題目的孩子，雖然字面上會唸，但無法了解題目所寫的情形或意思，所以無法下手解答案。

所以自己出應用題目時，一定得依實際的情況來假設。這個過程也是形成抓住題目內容的能力的過程。

用某程度的計算式的應用式題目的作成‖自我出題是極能正確地顯示本人現有的學力水準。低年級的孩子無法作出高水準的題目。讓孩子自己出題目，在解應用式題目的能力有顯著的伸展。

學習簡單的計算時期，讓他出各種不同的題目，寫出計算式、演算、解答等的學習日常化的話，是讓孩子對應用題目熟練，不再對應用題感到束手無策最好方法。

如何學好難背的九九乘法《二年級》

四段九九乘法，可以利用乘坐的汽車的車輪來記。仔細觀察答案，恰好是二段的答案的二倍，是一段與三段答案的合計，教他發現這些奇妙之處，更能對數的構造有進一步的了解。

六段的算式可利用昆蟲的腳的數目。六段的答案與三段相同，將個位數的數字與十位數的數字合計起來，還是963的順序出現。

$6\times0=0(0)$
$6\times1=6(6)$
$6\times2=12(3)$
$6\times3=18(9)$
$6\times4=24(6)$
$6\times5=30(3)$
$6\times6=36(9)$
$6\times7=42(6)$
$6\times8=48(12\rightarrow3)$
$6\times9=54(9)$
$6\times10=60(6)$

0的乘法還是有必要教他。如果沒有的話，甚至0×8都有孩子寫8。

人的肚臍有一個。有二人

的話，肚臍的數就是1×2有2個。一段的九九乘法，可用人的肚臍數與人數的關係來教導他。

○段可以利用青蛙的肚臍數來解說。

問他，「青蛙有肚臍嗎？」小孩會說「沒有」「○個」。

「魚或青蛙沒有肚臍，但人與狗有肚臍，從所有母親的肚子所出生的動物都有肚臍。不過，青蛙、魚或小鳥就沒有。」

「哦，我懂了。從蛋裏孵出來的，所以沒有肚臍。」

這番談話中可以教他○段的乘法。有0隻青蛙就有0個肚臍，一隻青蛙也有0個肚臍，二隻青蛙還是0個肚臍……等，所以○段的九九乘法就成了「00得0，01得0，02得0，03得0……09得0。」

七段的乘法表是最難的。七個爲一組的東西，一般不常見到。大概就屬七星瓢蟲吧！其他的話，就只想到一星期的日數了。北斗七星，七色彩虹也不是隨時可見。

實際生活裏，只能問四週共有多少天才使用得到七段的九九乘法。日常而言，對7這個數字不太熟悉。因此七段的乘法比較難背，而且容易忘記。即使教完了七段的乘法表，也常會記錯或忘記。

這時候，將7分解成2與5來算。例如，不知道7×6是多少時，可以考慮成5×6加2×6的總和。也就是30＋12等於42。所以絕對不會考慮要用機械式死背的作法。

教八段時，用畫的教比較有趣。

「章魚有多少脚？」

「8隻。」

「對。這房子裏有幾隻章魚？」

「0隻。」

「那房間內有幾隻章魚的脚呢？」

「0隻。」

「用九九乘法說看看。」

「8 0得0。」

「有一隻章魚的話，那腳呢?用九九乘法表示。」

「8乘1得8。」

「二隻呢?」

7段

0
7
14
21
28
35
42
49
56
63
70

8段

0
8
16
24
32
40
48
56
64
72
80

9段

0(9)
9(9)
18(9)
27(9)
36(9)
45(9)
54(9)
63(9)
72(9)
81(9)
90(9)

「8乘2得16。」

……如此地讓他記住。八段的答案是86420倒著順序。七段的尾數也是規則地排列順序。

九段也容易。只是九個一組的東西難求。孩子所知道的，只有棒球隊的人數。不過，還是很容易背。答案中，個位數與十位數的和，都是9的還原。哪個孩子都會注意到。

每天十五分鐘，只要二十日九九乘法就能運用自如《三年級》

九九乘法表光是背的話，無法拿來運用。隨便問一個九九乘法，不能瞬間地答上來的話。就不能輕鬆地活用。因此，更應該多次地練習。利用百格方塊比較便利。最上欄與最左欄任意塡上從0至9的數字，就構成一〇〇題的出題。

剛開始，五分鐘或七分鐘做完就好了。但每天都練習一〇〇題，只要十天就能在三分鐘之內完成。

但，若是還是不順的情況，應該查一查哪一段比較慢。0 1 2 5段哪個孩子都能輕鬆地做答。3 9還不太難。四段除了4×6、4×7之外，其他都能俐落地做答。

經常算錯或忘了答案的是6 7 8段的乘法。因此，要徹底讓他練習6 7 8段的九九乘法表。在寫答案之前，應該先讓他在十秒內朗誦一遍每段的九九乘法。

「6 0得0，6 1得6，6 2 12，6 3 18……6 9 54，6 10 60」在十秒內說完

九九乘法100題練習

×	7	3	8	4	9	5	0	1	6	2
7										
3										
8		24								
4										
9				36						
5										
0										
1										
6						30				
2										

得花幾天的時間練習才辦得到，一天練三回，每回五分鐘。即使不說得很快，只要中間沒有結巴，誰都能在十秒鐘背完。以這種速度應該能在時間內完成。

只是，千萬別焦急，不可責罵他。不管幾秒寫完正確答案，將它記錄下來，每天要是有少許的進步也是值得高興。即使是速度慢或寫錯，但也不能延長一秒的時間來背。今天，這次做不到沒關係。還有明天，有後天。

親子都期待九九乘法迅速地學會。這是認眞的孩子所關切的事。用百格方塊來練習九九乘法，持續二十日的話，就做了近五千題的題目了。到了這種程度的話，哪天說不定會有突飛猛進的進步。突破二分鐘。到了那天，就搖身一變成爲計算速度飛快的人。不再是慢吞吞計算的人。而且不需花太長的時間就能和大人同樣的速度計算了。

練習超過二萬題就能超越大人了。二年級的學生只要一萬題就夠了。不要太勉強他。計算練習的時間，一天以十五分鐘爲限度。超過這個限度就浪費時間了。

使孩子驚奇的九九乘法手指驗算法《三年級》

6×8與7×8都記不住的孩子，只好教他非常手段，指算法。到現在，法國與蒙古農民都還在使用這種方法，的確是種很有趣的作法。在日本室町時代就已經被使用。

7×8的算法如左圖。

7用左手指以1 2 3 4 5順序曲指，然後再豎立小指與無名指當6 7。就變成直的2根手指，3根手指曲折。

8則用右手表示。伸直3根，折2根手指。

首先先合計曲直的指數。2根加3根共5根。然後將它變成十倍。於是成爲50。

接著，把兩手彎曲的指數相乘。就是3×2得6。與先前的50相加。總和就是56。7×8等於56。

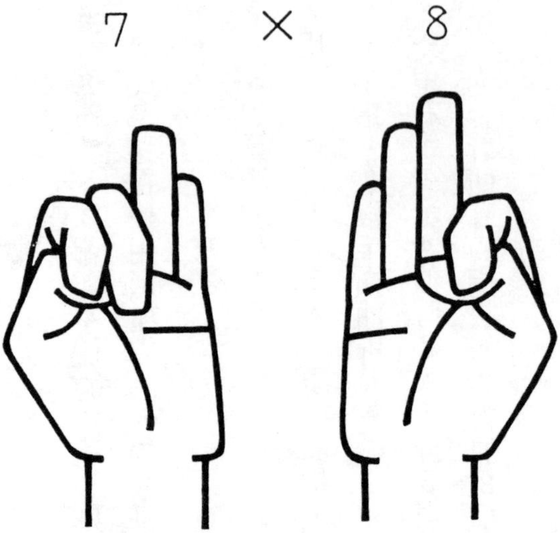

$$2+3=5 \rightarrow 50$$
$$3\times 2=6$$
$$50+6=56$$

請試算6×8。

伸直的手指合計4根。將它成爲十倍就是40。彎曲指數是4根與2根。相乘4×2就等於8。40+8等於48。

當6789段的九九乘法對答案模糊不清的時候或有點猶豫的時候，用這種驗算法就容易多了。

父母教不會九九乘法的孩子這種指算法時，孩子會非常高興努力學九九乘法。

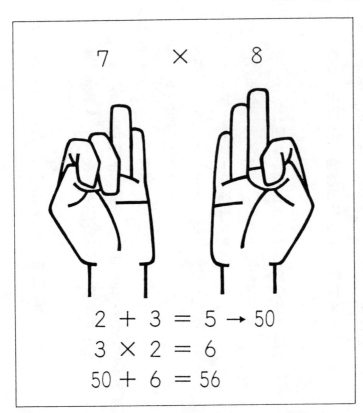

「嘿，媽媽，有這種算法呀！以後我絕不會算錯了。」

他對父母都有新的評價了。

「眞好。這樣一定會考一〇〇分，下次就超過媽媽了。」

如此激勵他，期待他有更好成績。孩子一定會更有幹勁。只會責備他，吝於一句勉勵的話。只會縮減孩子的意欲，這樣只有百害而無一利。

要克服多位數的乘算得有順序　《四年級》

懂基本乘算的九九乘法後，不管什麼乘算都能輕鬆地算。多位數的乘算，只要理解計算的結構，再加上連續的加法，那就很容易了。

首先，先算二位×一位的計算式，要更了解計算的意義，可以使用方塊模型，更容易明白。36×9的情形，如上圖所示。一般的小孩馬上就理解。

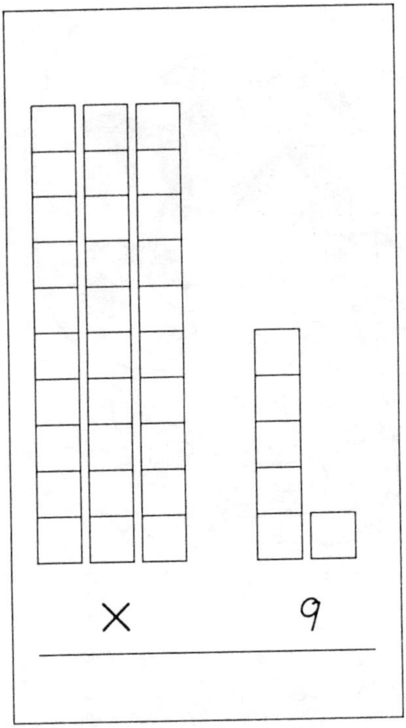

6×9等於54。30×9是270。相加等於324。若不用方塊只用計算時，由被乘數9往上乘。避免由上數往下數乘是因為怕在乘多位數時容易看錯。

所以一開始就練習由下面的數往上數乘。

9×6等於54。將答案寫在9的正下面。在十位數上有表示10的長方條三條。這時本來應該是3×9，但相反應該念成9×3。得27，表示有27條表示10的長方條。換言之是270。

$$
\begin{array}{r}
36 \\
\times\quad 9 \\
\hline
54 \\
270+ \\
\hline
324
\end{array}
$$

54加上270等於324，這就是答案。接著，試看看十題相同的乘法。（次頁）

要讓他練更多的題目就用百格方塊的算法來出題。（次頁）最左欄任意填上0至9的數字。最上欄的個位數與最左欄所填的數相同。而十位數可以隨意填入從1至9任何數字。還剩下一個空格，所以最適當的數——6789之中再填入其中一個數。

這種百格方塊乘算也是可以在紙上寫上題目直接算。不要練習太多。也不要規

① 12×4	② 23×3	③ 46×2	④ 53×8
⑤ 67×4	⑥ 89×6	⑦ 25×8	⑧ 75×8
⑨ 97×6	⑩ 60×8		

定時間。能正確解答才是最重要。做完一○○題，大部份的孩子對進位的十位數都能輕鬆地記住。然後，如下頁所示，變成一般的計算處理方式。

9×6是54，所以只寫4，將進位的5在十位數的位置上用小字記下。接著9×3是27，與5相加等於32再寫在百位與十位之下。答案就是324。若熟了之後，就不需要一一將進位數寫下，只要暗記著心算一下就可以了。不然的話，以後經常都得寫小字的數字。以後，在乘多位數時，會搞亂而不知道到底在寫什麼，所以經常算錯。

進位的數能暗記的話，二位×一位就

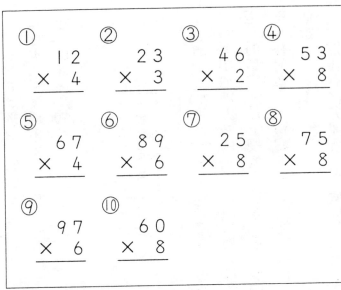

乘算 100 題練習

×	82	65	38	60	24	59	41	97	73	16
2										
5										
8										
0										
4				240						
9										
1										
7									511	
3										
6										

能立即算出。基本加法與基本乘法相互充分應用，會有比較快的顯著進步。所以，在百格方塊乘法練習中，要冷不防地隨意指一個算式然後立寫做答。一定能在十分鐘以內做完一〇〇題。若是做不到的小孩。一定是對基本加法還有九九乘法的練習有怠惰之處。快的話，還有小孩能在五分鐘以內完成。不必要到這樣的速度，但至少在十分鐘之內無法寫

完一〇〇題全部的話，只是會再度受挫而已。

二位×一位能迅速解答的話，再練三位×一位。還是利用方塊來解釋計算的構造。

基本計算處理法

```
   3 6
×    9
------
    5
 3 2 4
```

348×7的情況，就如下頁所示。

應該都能暗記進位的數字，所以已經不必再一一用小字記下進位的數了。將它暗記，直接往大的位數上加。

計算時，一定得由下往上乘。「7 8 56，寫6進5。7 4 28，28加5等於33，寫3進3。7 3 21，21加3得24，答案2436」要像這樣，將計算的過程念出來。默默地算是要等到熟練之後的事。在這之前，一定要發出聲音，隨計算的過程邊說邊算。這樣，在旁一聽，如果有錯就能立刻知道。

三位×一位能流利地算出之後，再算四位×一位。就不用再利用百格方塊計算了。從三位的乘算練習中，可以完全記下乘算的順序了。因此，四位數也能迅速佮

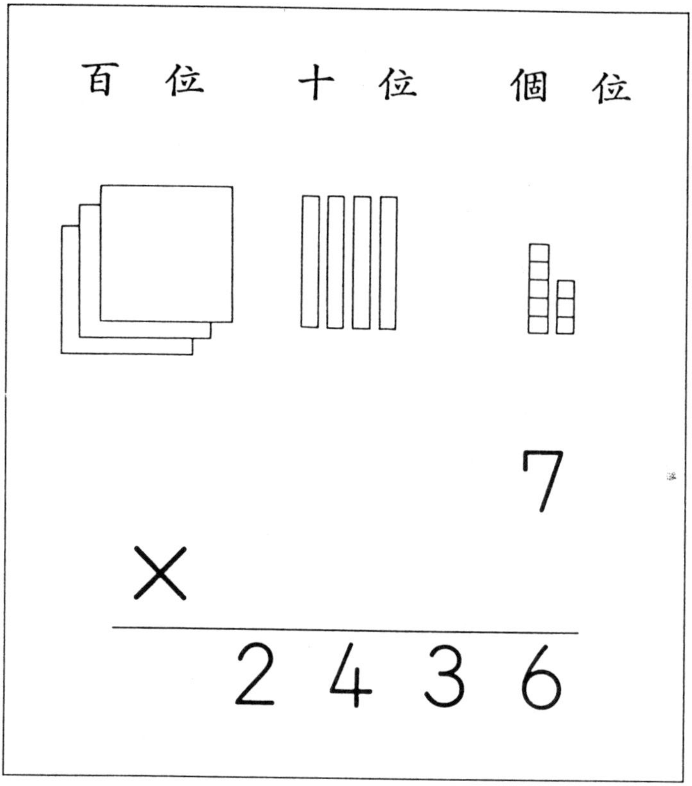

俐地寫出答案。

接著，再增加位數，五位×一位，六位×一位等，最後要確定九位×一位都能好好地算出答案爲止。

然後，這次再練習一位×二位，一位×三位，一位×四位……一位×九位。不要催他。答案正確才算合格。記住，一定得由下面的數來乘上面的數。

一位乘五位的話，應

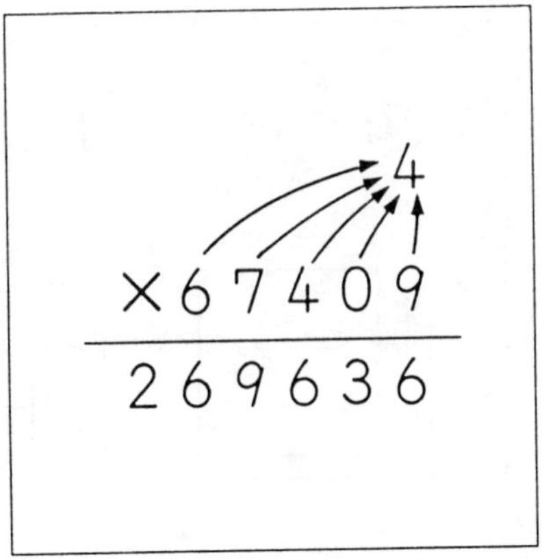

該這麼算。（上圖）

「9 4 36，寫6進3。0 4得0，0加3是3。寫3，4 4 16，寫6進1。7 4 28，28加1等於29，寫9進2。6 4 24，24加2等於26，寫6再寫2。」

要這樣念出來。

雖然麻煩，但是可聽出他計算的過程是否正確。

不要做太多的練習。各做三題就行。

多位×一位，一位×多位的練習只要做到九位就好，這樣多位×多位的乘算就能順利算出了。

多位×多位的練習，當然是從二位×二位開始。開始時，要讓他了解計算的意義。以後的操作就簡單多了。要注意二點，演算過程每段的尾數呈逆向階梯狀，以及每位數相加所進位的數。

多位數相乘的練習，可依下列的順序，各練習五題就可以了。最後，練習四位

×四位的計算，一題一分鐘完成就算合格了。

多位數相乘的練習

① 二位×二位

② 三位×二位

③ 四位×二位

④ 二位×三位

⑤ 三位×三位

⑥ 四位×三位

⑦ 二位×四位

⑧ 三位×四位

⑨ 四位×四位

只要三個階段就能完全突破最難的除算《三年級》

是否能正確地計算，讓他做除算的題目立刻就知道了。若不認眞地學好加算、乘算、除算的話，在計算多位數的除法就不能求出正確的答案，若不集合所有計算力的話就不會解除法計算式了。只要任何一種有不純熟之處，除法就是最麻煩的東西了。

就如加、減、乘法一樣各有基本的計算，除法也有基本計算。相當多，全部共有四五〇題。這些若不能流利地算出的話，除法的確就會感到很棘手。

整數的四則運算在四年級就教授完畢。以後，再也不練習一般的加減乘除的計算。然而，在四年級學期終了時五位除三位的計算能流利地寫出來的孩子很少。一位×三位的計算也慢吞吞。四位數相減也搞不清……有這種情形的孩子，面對除算就只好舉雙手投降。而且只會得很差的壞分數。說誇張一點，不好好地學基本的加減乘算的孩子‖普通的孩子，就會在此遭受毀滅性的打擊。以前所看不到的落後，就一併顯示出來。對孩子或大人都是一種打擊。於是到處找補習班補習。事實上，四年級起到補習班補習的孩子愈來愈多。

即使上補習班也沒有顯著的好轉。仍然是拿著成績單垂頭喪氣回家。爲什麼呢？

原因之一是長大了還是不熟基本的計算基礎。數學中的基本之計算，要是運算慢，而且經常算錯的小孩，以後當然就不會數學。這樣的小孩，要再一次從一年級開始好好地而且大量的練習。經過三個月，效果非凡。

基本除法可分三組進行。

A　組

32÷8＝

27÷3＝

42÷7＝

63÷9＝

56÷8＝

30÷6＝

28÷4＝

0÷6＝

12÷2＝

49÷7＝

首先A組，如上列的問題，共有十題。請量一量要花多少時間算完。

誰都會馬上寫出答案，十秒左右就做完，都是簡單的問題。是九九乘法的還原。這類型的除算共可列出九十題。

接著是B組。就稍微難一點。與剛才的一樣，量一下幾秒完成。因爲全部都有餘數，所以盡量不要錯，而且要很流利地算出，與A組花的時間多。

B組的問題的確費時間。是A組題目的雙倍吧！或許二十秒至三十秒左右。像B組有餘數的除算，全部共二六〇題，但是，並不是很困難。會九九乘法，又能心算66減63的孩子，一定能輕鬆地做答。

B　組

32÷6＝□…□

29÷3＝□…□

41÷8＝□…□

66÷7＝□…□

59÷8＝□…□

35÷4＝□…□

23÷5＝□…□

7÷3＝□…□

14÷4＝□…□

49÷4＝□…□

最難的是有不夠減又有餘數的除算。接著練C組。看錶，量一下十題花幾秒完成。三十秒完成就很了不起了。還有四年級速度快的孩子，能在十秒內完成……。一般大人都還得用上四十秒的時間。對計算感到頭疼的孩子就算花上一分鐘他還在算。還有孩子花二分鐘。這種孩子，幾乎不太練習九九乘法或基本的減法。

C　組

$33 \div 7 = \square \cdots \square$

$25 \div 9 = \square \cdots \square$

$41 \div 6 = \square \cdots \square$

$62 \div 8 = \square \cdots \square$

$54 \div 7 = \square \cdots \square$

$42 \div 9 = \square \cdots \square$

$61 \div 7 = \square \cdots \square$

$23 \div 9 = \square \cdots \square$

$50 \div 8 = \square \cdots \square$

$34 \div 9 = \square \cdots \square$

C組的除算，不覺得奇怪，共有一〇〇題整。這種最難的基本除算剛好一〇〇題，這是一位朋友，在西宮市當小學教師的三木俊一先生發現。還得過諾貝爾獎。

10÷3＝	15÷8＝	26÷9＝	41÷7＝	53÷9＝
10÷4＝	15÷9＝	30÷4＝	41÷9＝	54÷7＝
10÷6＝	16÷9＝	30÷7＝	42÷9＝	54÷8＝
10÷7＝	17÷9＝	30÷8＝	43÷9＝	55÷7＝
10÷8＝	20÷3＝	30÷9＝	44÷9＝	55÷8＝
10÷9＝	20÷6＝	31÷4＝	50÷6＝	60÷7＝
11÷3＝	20÷7＝	31÷7＝	50÷7＝	60÷8＝
11÷4＝	20÷8＝	31÷8＝	50÷8＝	60÷9＝
11÷6＝	20÷9＝	31÷9＝	50÷9＝	61÷7＝
11÷7＝	21÷6＝	32÷7＝	51÷6＝	61÷8＝
11÷8＝	21÷8＝	32÷9＝	51÷7＝	61÷9＝
11÷9＝	21÷9＝	33÷7＝	51÷8＝	62÷7＝
12÷7＝	22÷6＝	33÷9＝	51÷9＝	62÷8＝
12÷8＝	22÷8＝	34÷7＝	52÷6＝	62÷9＝
12÷9＝	22÷9＝	34÷9＝	52÷7＝	63÷8＝
13÷7＝	23÷6＝	35÷9＝	52÷8＝	70÷8＝
13÷8＝	23÷8＝	40÷6＝	52÷9＝	70÷9＝
13÷9＝	23÷9＝	40÷7＝	53÷6＝	71÷8＝
14÷8＝	24÷9＝	40÷9＝	53÷7＝	71÷9＝
14÷9＝	25÷9＝	41÷6＝	53÷8＝	80÷9＝

算C組題目時，一定會「嗯、嗯」非常苦惱，不能順利地將這些算出的孩子，就會變成討厭計算的小孩。麻煩、累贅、不安，而且又算錯，所以都寫不出好答案，「算了，不做」就把它放棄了。

A組是九九乘法的還原，所以相當簡單。B組是有餘數的除式，不需借數相減，所以立刻能做答。而C組，要求餘數，必須得借數心算，而且要瞬間計算。因此覺得費事、麻煩。請耐心地做完這一〇〇題，是很好的頭腦體操。五分鐘內答完的話，值得拍手鼓勵。

高年級但却不善於計算的孩子，右表的除式根本不會做。每天練一〇〇題或二〇〇題，並隨時更改順序，持續二個月之後，大多數的孩子都能做的比父母快。能在四分鐘以內完成的話，相當不錯了。除了四年級有孩子能在一分二十秒之內完成外，再也沒比這更快了。

計算力差的孩子，對計算感到棘手的孩子，他們的三大障碍就是對基本加法、基本減法、基本除法不能很乾脆地算出答案。這些基本計算，與九九乘法一樣，能瞬間而且自動地答出來的話，做任何計算都會輕鬆自如。這也就是意味著對分數或小數的計算，都能迅速而且正確的做答的基礎。能克服這三個障碍，數學就不再是難的科目了。算術是只有一個答案，而且非常單純，容易得分的學科。

不管怎樣，算術的基本在於計算力。在理解計算的意義，同時也得反覆地練習計算，從了解到學習，再從學習到熟練，都要付出努力。爲了要有效地練習，「鍛鍊學力的基本不致於有落後的學術研究會」就做成「計算熟練程度表（低、中、高年級）」。

小孩子只要能正確地迅速地計算的話，對於念書就不覺得很痛苦了。不如說他會變得喜歡讀書。每天只花十分鐘到二十分鐘來反覆練習基本計算，將來一定會對伸展孩子的學力有幫助。持續三個月的話，會比大人更正確而且迅速地計算。

超越大人的那天，孩子的表情，一定充滿喜悅快樂。這天以後，孩子再也不需要父母在背後督促，能眞正的變成優秀的人。做父母的更是高興得不得了。因爲孩子變得更用功了。

能讓多位數乘算、除算流利算出的方法《四年級》

多位數的乘算只要了解構造與程序，就很容易算出。多位數除法也同樣。但是，要自動地流利算答案，得像熟練地算基本除法，或是多位數除一位數那樣輕鬆自在。爲了達到這種目的，最簡便的計算練習法就屬電梯式計算最有效了。

所謂電梯式計算是指任意二位數的數字順序乘上2、3、4……9，然後再順序地除以2到9的數。途中要是計算有誤的話，最後的答案就不會是原來的二位數字了。不需一一驗算也能立刻知道答案是否正確。

電梯式計算法，開始時經常會算錯或動作慢，但是有好好練基本計算的孩子，一題四分鐘就能輕易地完成了。只是，不要催促他「快點做」這一急反而更容易錯。實際的電梯式計算法，如下列所示。

二位數從10到99共有90個，不必全部都練習。練20題的話，就能輕易地做這種電梯式計算了。列舉幾組原數與乘到9的積的例子。

電梯式計算

由下往上

38
9)342
8)2736
7)19152
6)114912
5)574560
4)2298240
3)6894720
2)13789440

由上往下

38 × 2 = 76
76 × 3 = 228
228 × 4 = 912
912 × 5 = 4560
4560 × 6 = 27360
27360 × 7 = 191520
191520 × 8 = 1532160
1532160 × 9 = 13789440

原數	到 9 的積	原數	到 9 的積
14	5080320	11	3991680
28	10160640	16	5806080
33	11975040	25	9072000
49	17781120	38	13789440
50	18144000	47	17055360
67	24312960	56	20321280
78	28304640	69	25038720
89	32296320	75	27216000
95	34473600	82	29756160
97	35199360	93	33747840

要克服多位數除法的關鍵就是要抓住四個程序《四年級》

誰都討厭算多位數的除法。尤其是今日，計算機普及的時代，也不用那麼麻煩來做計算，人的一生之中，也很少會出現六位數除三位的計算，不需要花那麼多時間學這些無聊的除法練習——經常會聽到這類的意見。

但是，計算機並不完全都實用。電池不夠時，就亂了。雖然不是日常生活所用到的計算，必要的時候，在買賣的情況下經常有立即要算出正確的計算的能力。出乎意外的是並非大略地算出就行的。

多位數除算是入學後四年之內所學的四則運算的集大成，可以說是總決算的計算。讓孩子練習多位數除法，可以提昇總合性計算能力。

練習多位數的除算，先從二位÷三位開始。

一定要讓孩子念出除算的計算過程。

要清楚地念出，「60中有10 6遍，寫6」→「60得0，61得6」→「0減

0得0，6減6得0」→「答案為6。」

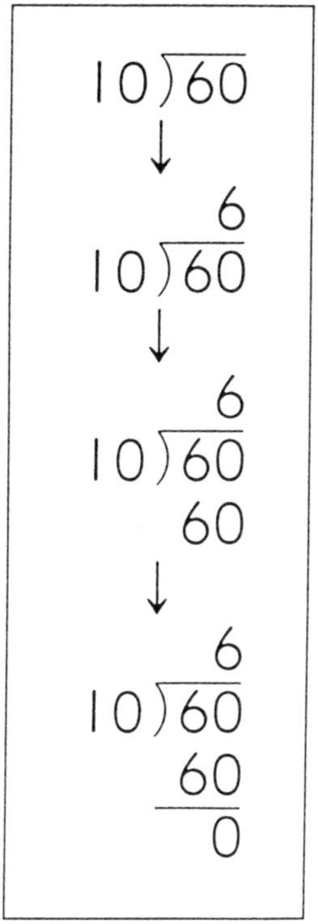

做對了的時候，就點頭認可「可以。」

接著做66÷11的練習，一樣要念出聲音。

「60之中，11有6遍，6 1得6，6 1得6，啊，太多了。5吧，5 1得5，5 1得5。」

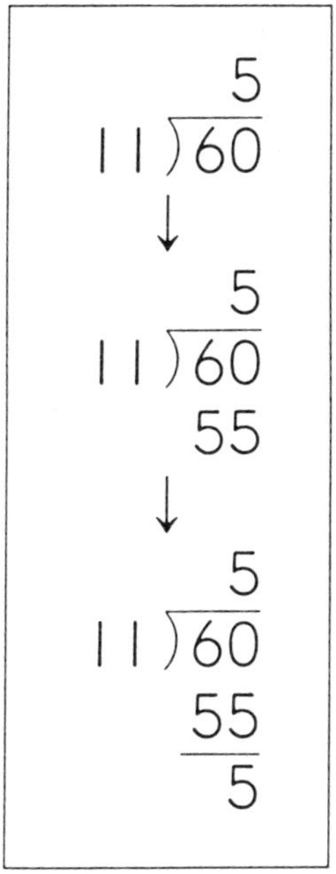

「0減5不能減，所以借10，10減5得5，6就剩5，5減5得0，所以不寫。」

「答案是5餘5。」

列舉二、三題，一定要讓他念出演算過程。

除算的順序是「立商」「乘」「減」「降位」。二位數除二位數不需用到「降位」，但被除數位數多，或是得算到小數點以下的答案時，必須要有「降位」的過程。

二位數÷二位數很簡單。立刻就會。再來轉做三位÷二位的練習。這時，就得好好熟悉「立商」「乘」「減」「降位」四步驟，不需要練太多的題目。大約十題就夠了。切記要念出聲。

要熟悉除算四步驟，上列①至⑤的題目比較合適。仍然得用口念出程序。

「6之中不夠53。68之中53有一倍，所以立1」「1 3得3，1 5得5」「8減3得5，6減5得1」「降9」「159中有53的四倍吧，不，是三倍」「3 3得9。寫9。3 5 15」「相減等於0」「答案13」，雖然不耐煩，但還是得認眞地念出

三位÷二位

① 689÷53	⑥ 135÷45
② 728÷28	⑦ 246÷82
③ 805÷23	⑧ 305÷61
④ 985÷34	⑨ 456÷76
⑤ 700÷25	⑩ 564÷94

來。這樣能夠一一意識到在什麼過程要立數，要乘，要相減，要降位。做十題之後，這些過程就得眞正學到。

孩子要能流利地算出多位數除算，不用太多的練習。即使讓他練太多，第二天他就煩了。在家庭的學習，就是由於體會到理解的喜悅，會做的樂趣，逐漸地喜歡求學，這是很重要的宗旨。

孩子要是說「我能做

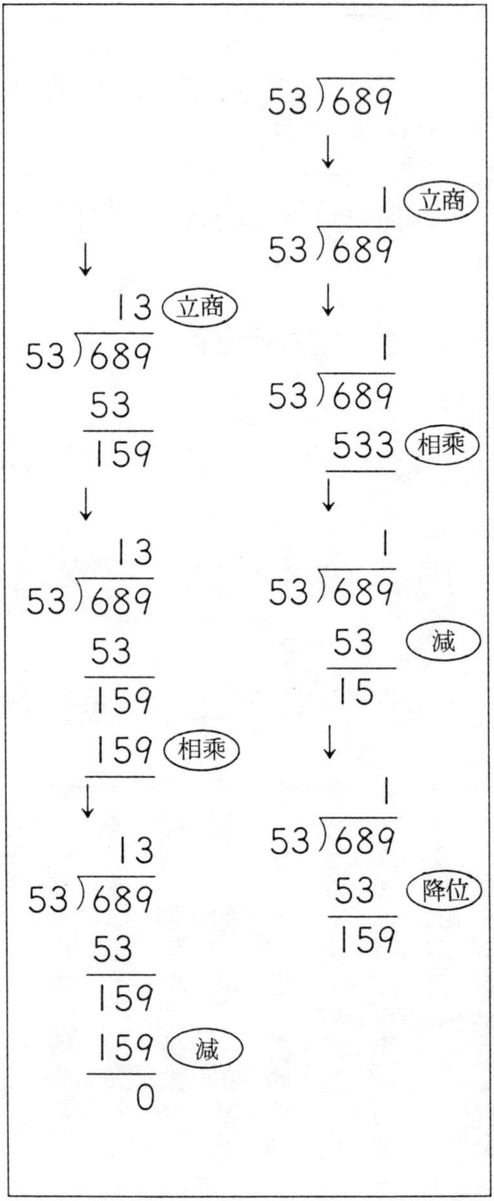

到這樣，好高興」「想再多練一點」，大人可能會阻止。大人方面可能會心疼，或是認爲繼續練下去相反地會讓他討厭念書。孩子還小。要他三十分鐘以上，集中精神，連續地念書實在太勉強了。大人絕不會強人所難。

⑥至⑧的題目雖然不用「降位」，相反地，得在瞬間內答出答案。因此，要發

覺答案大概是這個吧，開始就要做「立商」的工作。稱作立假商，這對剛開始學除算的小孩，是件相當難的思考作業。

⑨的題目爲例吧。

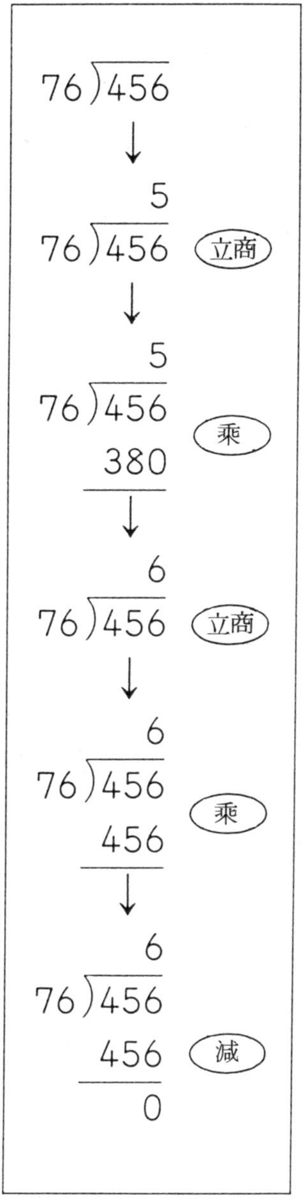

覺得一下子就立假商很難時，可將各數的下一位數四捨五入。於是變成460÷80。將任何一數變成$\frac{1}{10}$倍，就成46÷8。換言之，456÷76的答案與46÷8的答案大致一樣。在46之中，大概有五倍的8，所以將假商設立爲5。

接著是「乘」。相乘就等於380。與456相差太多。於是大概是六倍，就改寫6，於是立數爲6。相乘。最後與上數相同，相減等於0，完全除盡。答案爲6。

多位數÷二位

÷	4256	6000	10348	86460	245023
16					
38					
54					
79					
90					

除算的步驟「立商」「相乘」「減」「降位」在任何一種情況下都要順序地念出口，這才是學習除算最快的途徑。在三位÷二位的題目都能正確做答之後，再做四位÷二位，五位÷二位等逐漸增加位數練習。簡便出題，可利用二五方格計算法。左欄寫除數，上欄寫被除數。任意地出題也無妨。（上表）

只是，不要太注重速度。還不是做大量的練習。只是各做幾題就好了。

雖然比較麻煩，但演算過程，大人一定得一一謹慎地注意。要檢查餘數是否正確。

二位數的除算問題，能立即做答的話

除算總複習

÷	9117	28600	21316	53300	112707
3					
146					
572					
2600					
4508					

，在計算更多位數的除算時，就比較輕鬆自如。這些問題，只要稍加練習就行了。只要四則計算的基本問題，以及乘除反覆計算（電梯式計算＝一一六頁）都能好好地做的話，絕不會有錯了。

除算的總複習，就練習上一頁二五方格計算法。當然餘數也要寫出來。不用在格內用心算的方式做計算。可以利用計算紙來運算。

記住除算的計算過程「立商相乘，相減降位」，在運算上就很便利。

利用折紙說明分數計算的原理　《五年級》

同分母的分數相加或相減，誰都會做，但若是分母各不相同的加算、減算的話，就比較難了。然而，通分的方法、計算法等雖然都會做，但爲什麼是這樣做，一點都搞不清楚的人很多。五年級的時期有教分母不同的相加計算，通常都不了解其中的道理。

這時，利用折紙來教他，任何一位孩子都能立刻明白。用折紙的確容易了解。是最簡單的方法，試一試吧！例如$\frac{1}{2}$加$\frac{1}{3}$的加算。

請將紙張折成一半。就是$\frac{1}{2}$了。接著，轉90度折成三等分。就是$\frac{1}{3}$。$\frac{1}{2}$的部份請用斜線做記號。$\frac{1}{3}$的部份打上小點。如此就可以說明計算的原理。

將斜線與點狀重疊的部份，調到別處。於是斜線部份是$\frac{3}{6}$，點的部份是$\frac{2}{6}$。相加就等於$\frac{5}{6}$。

$\frac{2}{3}$加$\frac{3}{4}$，雖然會大於1，但是用折紙來算，還是能立刻理解。有12個小分

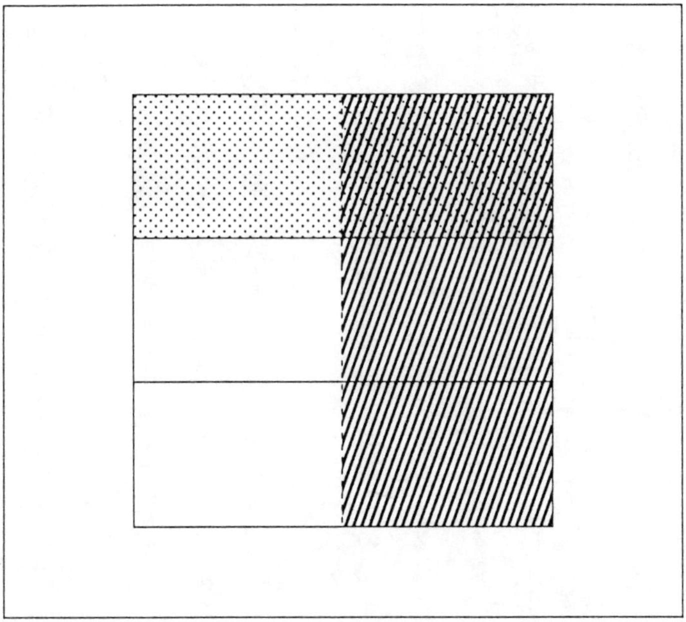

類，其中有6個重疊，將這個拿掉，將其中1個挪到右下角。於是剩下5個小分類。第二張紙也同樣如此折，將這5個小分類加進去。答案就是—$1\frac{5}{12}$，馬上就了解。

減算也是同樣的作法。有很多分數的加減都必須通分。對計算不熟的孩子最討厭通分。太麻煩了。就如—$\frac{37}{72}$減$\frac{23}{48}$的題目，這樣的孩子，一定會放棄。通常，可利用下列作法來求最小公倍數來做通分。

但是，數目更大要做通分時，這種作法實在費時間。所以，有更輕鬆，更快的方法。叫做互除法。會這種

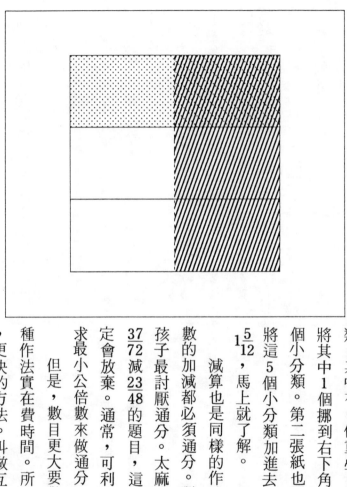

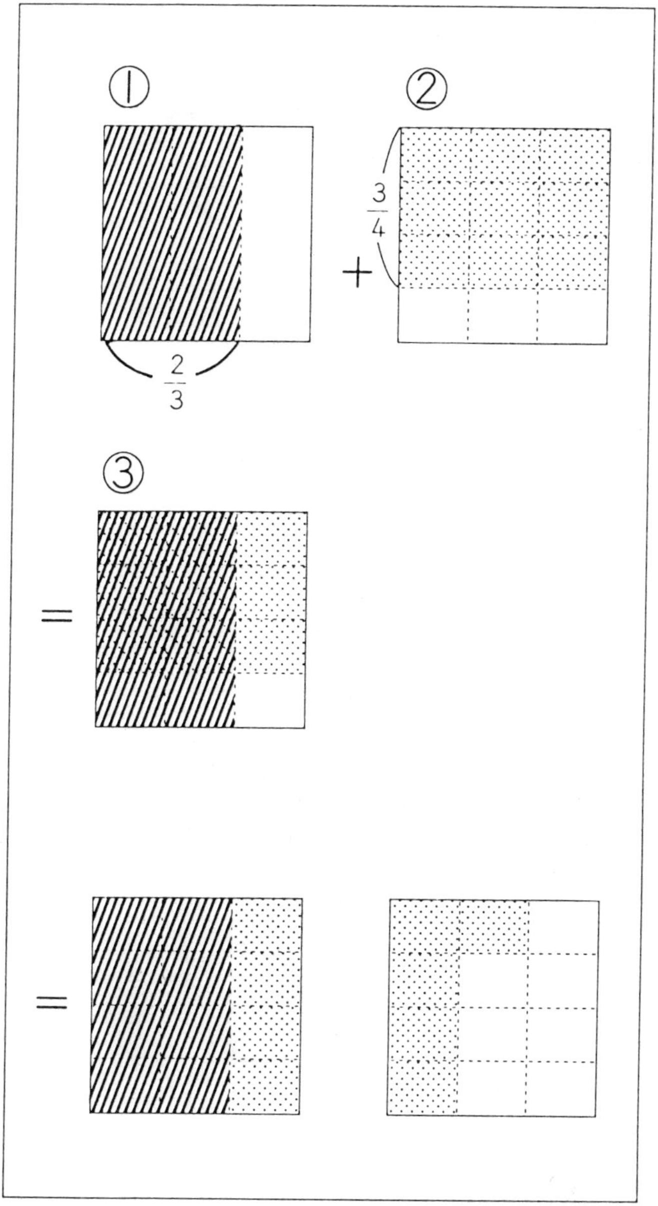
①
②
3/4
+
2/3
③
=
=

$$
\begin{array}{r|l}
2 & 72,\ 48 \\ \hline
3 & 36,\ 24 \\ \hline
2 & 12,\ \ 8 \\ \hline
2 & \ 6,\ \ 4 \\ \hline
 & \ 3,\ \ 2
\end{array}
$$

最小公倍數是

$$2\times3\times2\times2\times3\times2$$
$$=24\times6$$
$$=144$$

$$\frac{37}{72}-\frac{23}{48}$$
$$=\frac{74}{144}-\frac{69}{144}$$
$$=\frac{5}{144}$$

方法，在做分數的約分時，也能輕易地計算。

寫大數（72）÷小數（48）的計算式。立1餘24。接著用48÷24。除盡。這時除數24就是最大公約數。

卽，在約分時所需要的數。在通分時，必須要求最小公倍數。就成了24×2×

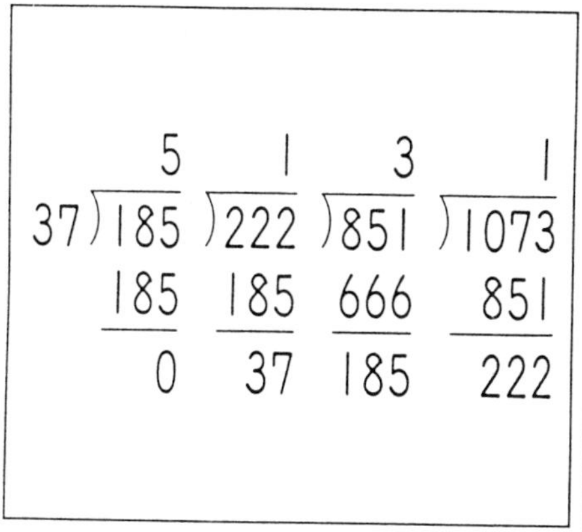

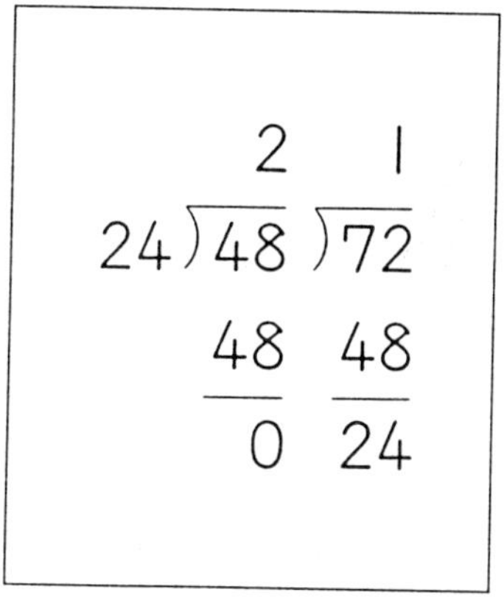

$$
\begin{array}{r} 5 \\ 37{\overline{)185}} \\ 185 \\ \hline 0 \end{array}
\quad
\begin{array}{r} 3 \\ {\overline{)222}} \\ 185 \\ \hline 37 \end{array}
\quad
\begin{array}{r} 1 \\ {\overline{)851}} \\ 666 \\ \hline 185 \end{array}
\quad
\begin{array}{r} 1 \\ {\overline{)1073}} \\ 851 \\ \hline 222 \end{array}
$$

$$
\begin{array}{r} 2 \\ 24{\overline{)48}} \\ 48 \\ \hline 0 \end{array}
\quad
\begin{array}{r} 1 \\ {\overline{)72}} \\ 48 \\ \hline 24 \end{array}
$$

（72÷24）＝48×3＝144。分母爲144，就可以進行減法計算。

又如，分母與分子的位數都很多，1073分之851時，要約分就得做互除法的計算。

如上圖做互除法計算，立刻明白。

剛好除盡的數是37，所以這個數是分子與分母的最大公約數。

各除37，答案爲 $\frac{23}{29}$。

這種算法，在小學校是沒有教，所以要記住，將來在計算很多的位數的分數時，都能在最短時間內找出最大公約數。

爲什麼用互除法就能求得最大公約數呢？

下列就是文章式的出題。

（題目）有張紙寬一二〇公厘，長七二公厘。要

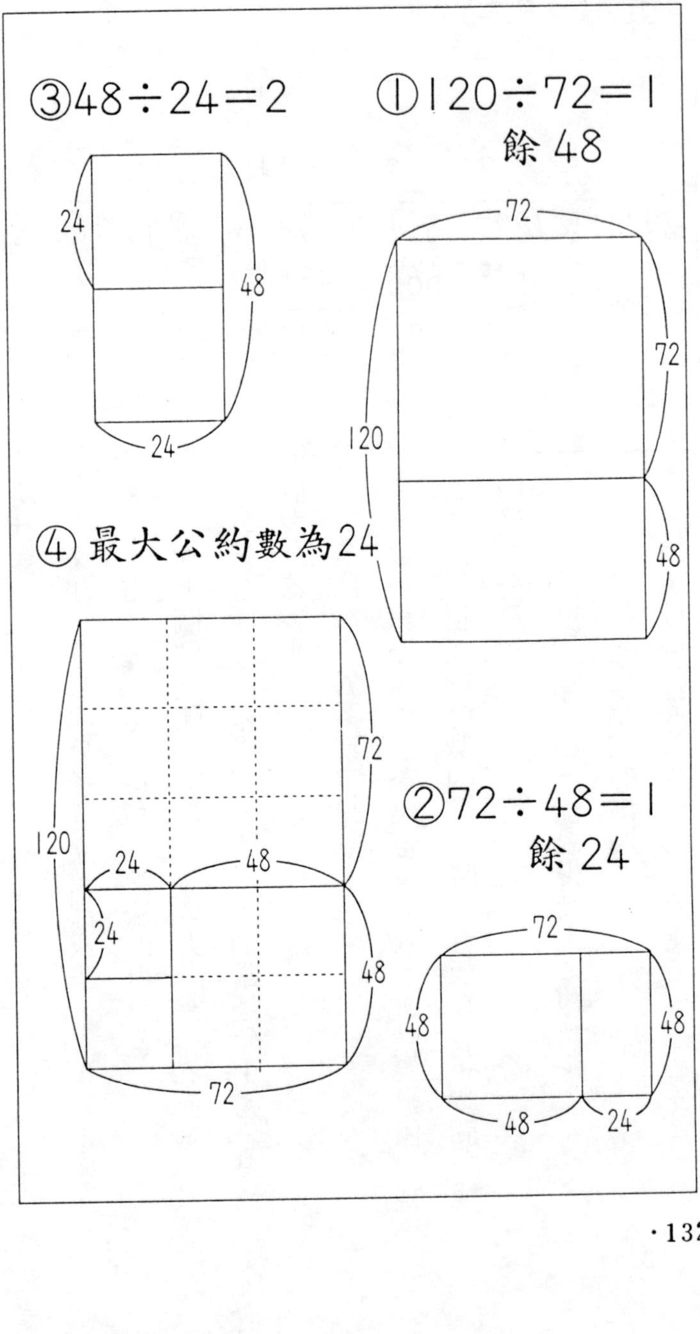
③48÷24＝2
24
48
24
①120÷72＝1
餘 48
72
72
120
48
④ 最大公約數為24
72
120
24
48
24
48
72
②72÷48＝1
餘 24
72
48
48
48
24

將這張紙截成大小相同的正方形，每邊正方形要切成幾公分才能將它適當地截開。

折紙也能計算分數的乘法、除法

《五年級》

分數的乘法也可用折紙，那會更容易了解。$\frac{3}{4}\times\frac{2}{3}$就如圖所示計算。

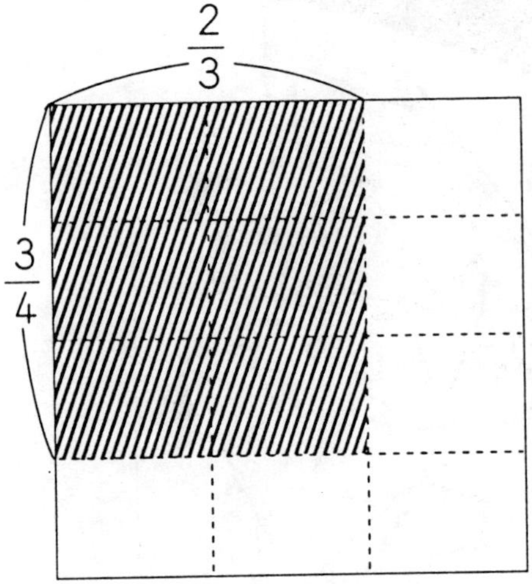

$$\frac{3}{4}\times\frac{2}{3}$$

$$=\frac{\cancel{3}^{1}}{\cancel{4}_{2}}\times\frac{\cancel{2}^{1}}{\cancel{3}_{1}}$$

$$=\frac{1}{2}$$

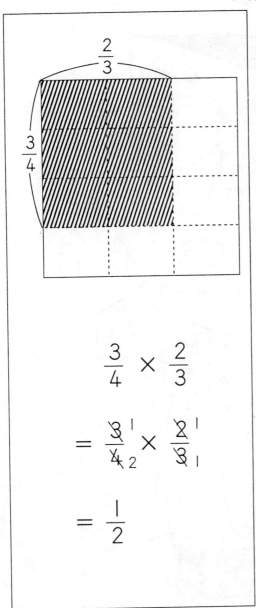

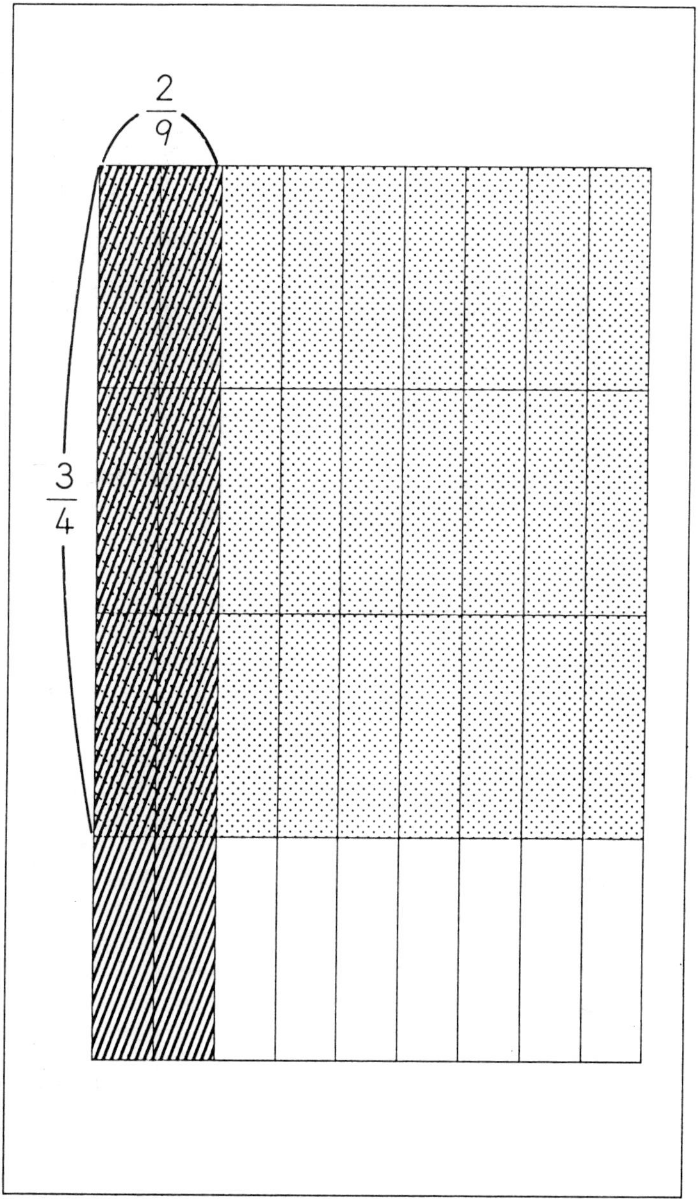
2/9
3/4

分母4×3就有12個小分類。一看就知道6個分一組。即$\frac{3}{4}\times\frac{2}{3}$爲$\frac{6}{12}$，這利用折紙很容易理解。約分就等於$\frac{1}{2}$。若用大人都知道方法來約分的話，那乘法更容易算了。

那除算要怎麼辦呢？用折紙來算$\frac{3}{4}$除$\frac{2}{9}$吧！

$$\frac{3}{4}\div\frac{2}{9}$$

$$=\left(\frac{3}{4}\times\frac{9}{2}\right)\div\left(\frac{2}{9}\times\frac{9}{2}\right)$$

$$=\frac{3}{4}\times\frac{9}{2}\div 1$$

$$=\frac{3}{4}\times\frac{9}{2}$$

$$=\frac{27}{8}$$

$$=3\frac{3}{8}$$

首先，將紙區分橫向四等分，將三部份塗上小點。這是$\frac{3}{4}$。接著，直的區分九等分，其中二部份畫上斜線。這在折紙上就代表是$\frac{2}{9}$。以除算的意義上而言，是指一張紙的折紙$\frac{3}{4}$的部份，是$\frac{2}{9}$部份的幾倍。

立刻可注意到$\frac{3}{4}$的部份有27個小分類。$\frac{2}{9}$有8個。於是，這分數的除算答案是$3\frac{3}{8}$。教他使用折紙時，會說「分數的計算很容易」。這是因爲十分了解計算的意義。接著，只要熟練計算操作的算法就夠了。

$$\frac{3}{4}\div\frac{2}{9}$$

$$=\frac{27}{36}\div\frac{8}{36}$$

$\frac{27}{36}$……點的區域與斜線的部份

$\frac{8}{36}$……小分類全部總數

$$=27\div 8$$

$$=\frac{27}{8}$$

$$=3\frac{3}{8}$$

分數的除法，要將除數倒過來，要證明這個道理，有三種作法。在此介紹其中的一種。對小學生而言，稍微難了一點。

因此，要讓小學生更容易理解的方式展開，可教他左邊的作法。大部份的小孩都能明白。仍然可稱爲折紙方式，但需利用具體的事務而理解，並作成計算式，這種作法比較自然，而且更能了解。

等於說，將$\frac{3}{4}$與$\frac{2}{9}$各自通分，變成分母相同數的除算之後，再求其答案。這麼做，就如同利用折紙教他分數除法意義的演算過程一樣。於是，分數再也不是難的算術了。

「質數」——事先了解它有趣的性質《五年級》

計算分數時，若不知道質數的話，在做約分或通分時實在很麻煩。

所謂質數，只有1與其本身的數才能除的數稱爲質數。2 3 5 7 11 13 17 19……這些都是質數。

從1到200的質數有哪些，在小學生的時代最好先記住，這對在中學時期，計算因數分解時，很有幫助。

質數它有趣的地方在於，只限於6的倍數加1或減1的數。從1到200之間的數並將6的倍數列在中間排列出來。然後，在質數上打上○的記號。

注意，除了2、3以外，其餘的質數都在6的行列的兩側。爲何會這樣呢？讓孩子去想一想吧！

			1	(2)	(3)
4	(5)	6	(7)	8	9
10	(11)	12	(13)	14	15
16	(17)	18	(19)	20	21
22	(23)	24	25	26	27
28	(29)	30	(31)	32	33
34	35	36	(37)	38	39
40	(41)	42	(43)	44	45
46	(47)	48	49	50	51
52	(53)	54	55	56	57
58	(59)	60	(61)	62	63
64	65	66	(67)	68	69
70	(71)	72	(73)	74	75
76	77	78	(79)	80	81
82	(83)	84	85	86	87
88	(89)	90	91	92	93
94	95	96	(97)	98	99

100	**(101)**	102	**(103)**	104	105
106	**(107)**	108	**(109)**	110	111
112	**(113)**	114	115	116	117
118	119	120	121	122	123
124	125	126	**(127)**	128	129
130	**(131)**	132	133	134	135
136	**(137)**	138	**(139)**	140	141
142	143	144	145	146	147
148	**(149)**	150	**(151)**	152	153
154	155	156	**(157)**	158	159
160	161	162	**(163)**	164	165
166	**(167)**	168	169	170	171
172	**(173)**	174	175	176	177
178	**(179)**	180	**(181)**	182	183
184	185	186	187	188	189
190	**(191)**	192	**(193)**	194	195
196	**(197)**	198	**(199)**	200	

利用求面積的作法使孩子的腦筋柔軟《五年級》

小學四年級開始，就正式開始學面積的求法。到了五年級，有求梯形面積的題目，並教授公式來解答。通常，只要背好公式，然後將已知的數代入公式來求面積。因此，小孩子經常對公式的意義都還模糊不清就已在做計算了。而且，對於面積的求法還認為是唯一的方法。算術是一種訓練頭腦的學習，但說不定有些孩子不能讓腦筋更柔軟一點，反而還死板板地思考。

小學五年級就求梯形面積了，在教他公式之前，不妨讓他想一想其他的作法。孩子們都知道長方形、正方形、三角形、平形四方形、菱形面積的求法。因此，就以這些來當作思考的基礎。

首先在色紙上畫一個梯形，然後剪下來。「梯形面積的求法有很多種。用剪刀也可以，把它弄散再組合，想一想求出面積的方法。」實際讓他做看看，任何一位小孩至少會發現二種左右的方法。最常見的方法如左邊Ⓐ與Ⓑ。

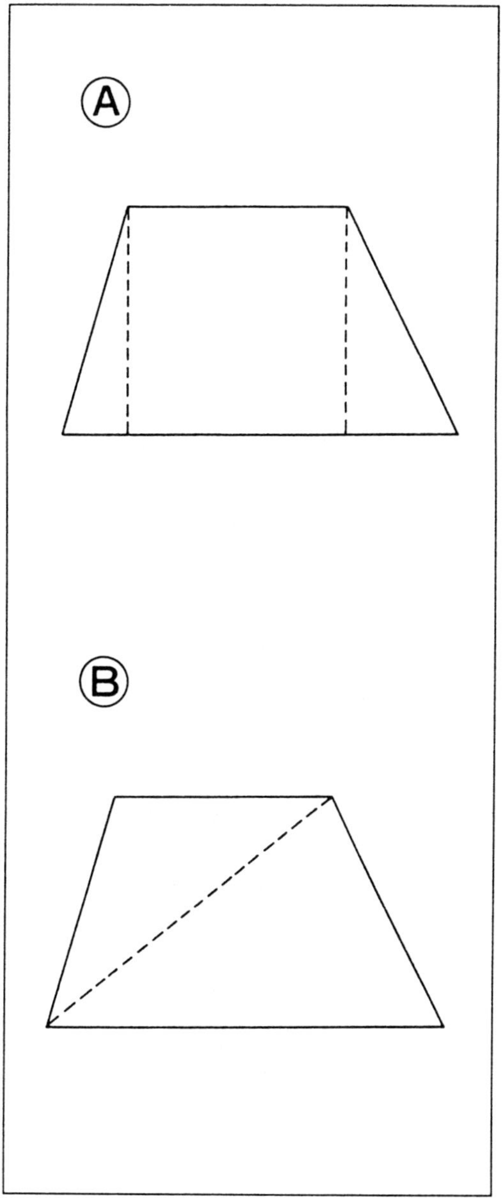

Ⓐ是區分成二個三角形與一個長方形，然後將各個面積合計。Ⓑ是分成二個三角形來計算面積。

公式則如Ⓒ圖所示求出面積。將點狀部份以P點爲中心旋轉一八〇度，就變成細長的三角形。這三角形的底邊的長度，與梯形上底與下底的和的長相同。換言之

，梯形就變成三角形了。因此，上底＋下底＝三角形的底邊

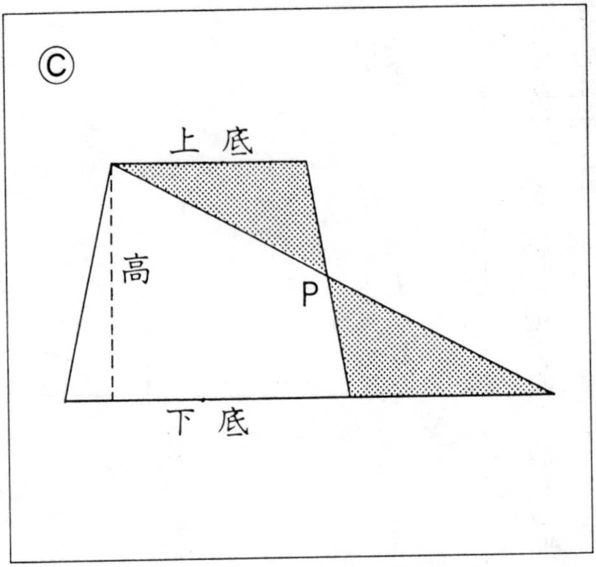

求梯形面積的公式就變成求三角形面積的公式了。

這種作法，稍加牽強了一點，所以小孩比較難以發現。不過，只要慢慢地，而且給予充分的時間去想，一定會想出更好的方法發表出來。

不利用公式，讓孩子自由發揮去思考的話，事實上可以編出二十一種求梯形面積的方法。

隨便地灌輸公式，要他們死背，只求答案的念書法，一點也無法伸展孩子的思考力。

答

相反地，會使他討厭算術。

數學最重要的是它不只有一種解題的方法，有許多做法，說不定還有更多好的做法，因此讓孩子自己去體會探求與發現的喜悅、創造思考的樂趣。

答案雖然只有一個，但解法却有幾種不同的方式，孩子自己本身會想去尋求，要培養這種旺盛的知識探索的欲望，算術的確是有很多好的體材可利用。

要提高對算術的興趣，就算一算學校不曾教過的面積

《六年級》

到了六年級，就學習縮尺與比例。也知道廣大土地面積的單位。也能求圓形或扇形的面積。但是，形狀不完全的圖形的面積求法，學校課業上都沒有教授。

日本或世界上任何一個國家的小孩，在小學六年級都已經熟知許多教科。相似大小的國家，都想要了解哪一方的面積比較廣。有時還會想到中國、美國、澳大利亞、巴西、EC等國家的面積各有多大呢？自己住的都市或郡縣到底有多大？是否有簡單的方法可以知道，用取樣定理就能知道答案了。

能了解取樣定理，任何形狀的面積都能輕鬆而且正確地算出。例如，想計算一下日本第一大湖琵琶湖的面積，就在地圖上已記載的縮尺圖樣上畫上方格子。在地圖上就當做每邊五公里的正方形。湖岸線與十字重疊相交之處，在垂直交點上打（▲）記號，湖面與內部的相交點打（◯）記。各有六個與二十五個記號。將它代入下列公式。

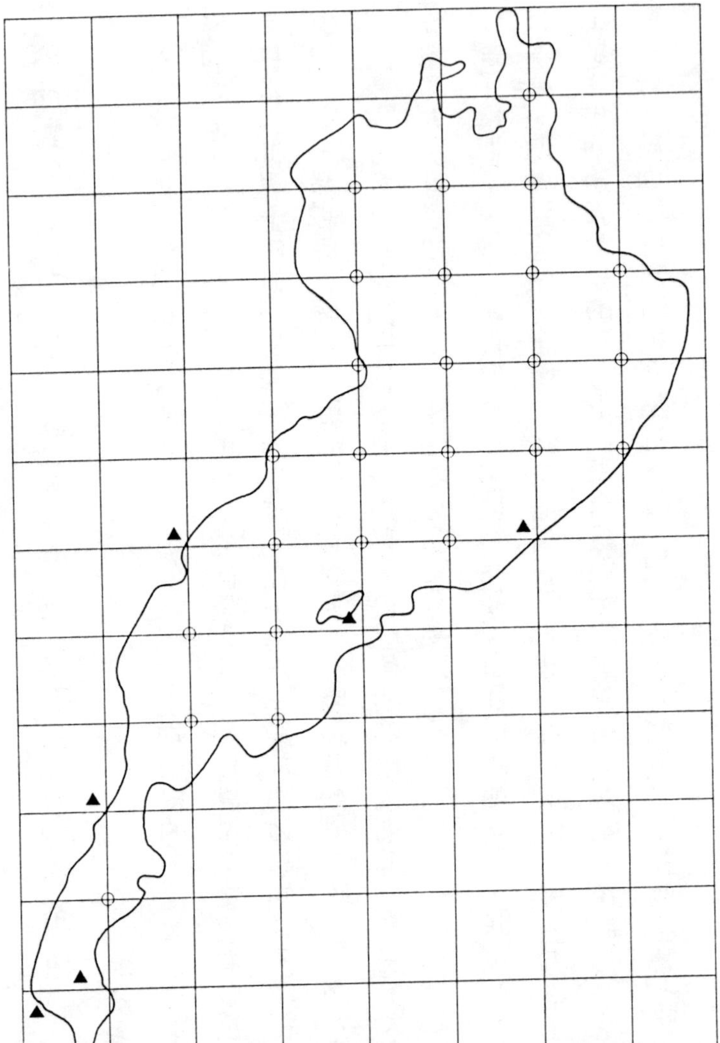

取樣定理

$$S=\frac{\text{直線上交點數}}{2}+\text{內部相交點}-1$$

$$=\frac{6}{2}+25-1$$

$$=27$$

每邊 **5** km^2 的正方形，其面積為 **25** km^2。因此琵琶湖的面積，

25 km^2 × **27** ＝ **675** km^2

實際的面積為 **674** km^2，幾乎沒有差異。

乾水與滿水時，差距會更多。

取樣定理，是小學六年時間所學的算術的總複習之一，是包含面積、縮尺、比例、四則計算的運算的題目。是能使孩子徹底了解所學過的東西竟能有這種益處的眞實感的一種教材。

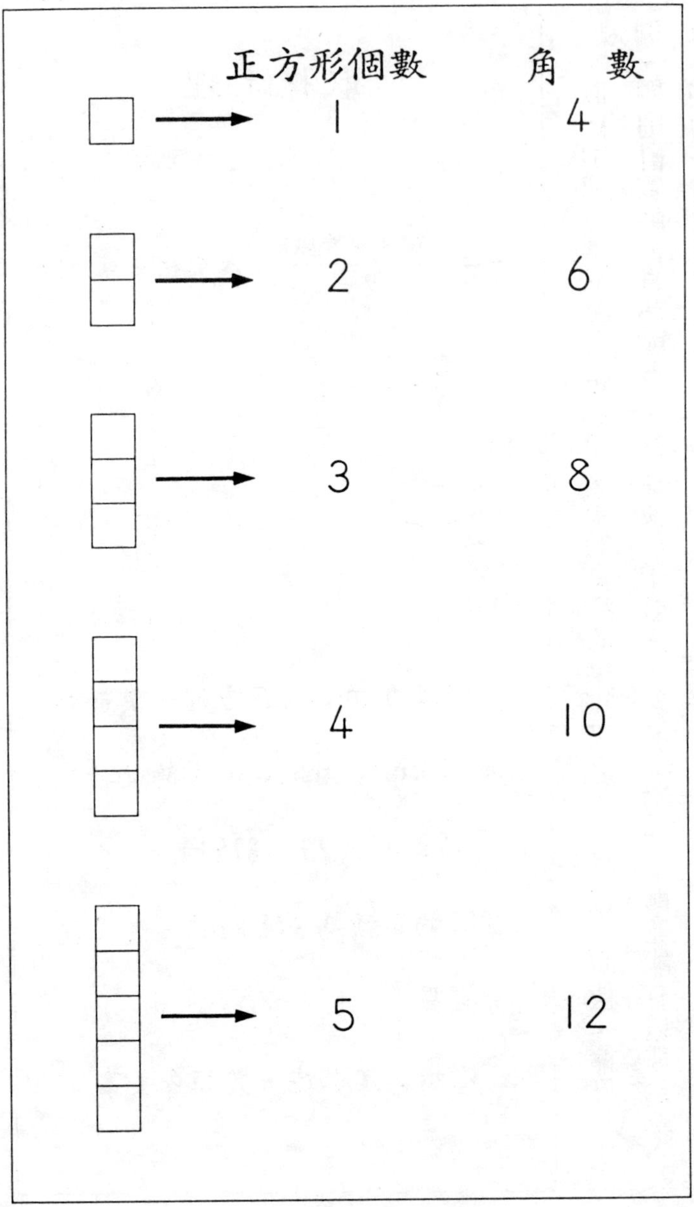
正方形個數
角　數
1
4
2
6
3
8
4
10
5
12

會說「算術眞有趣」的小孩，在取樣定理上的題目都練習很多次了。

在此說明，爲何利用這個定理所求的值與實際的面積幾乎相同。

首先，請看1平方公分的四角形。它有四個角。二個排列一起，L形的角有四個，T形的角有二個，合起來有六個角。如上頁所指的，立刻能察知正方形數依6 7 8 9……逐漸增加的話，LT形的角會14 16 18 20……地增加。

換言之，將LT形所形成的角數的一半減1，就能得知正方形的個數了。

現在來試一試有四個正方形來求其面積。左圖的實線所構成的是四個正方形所

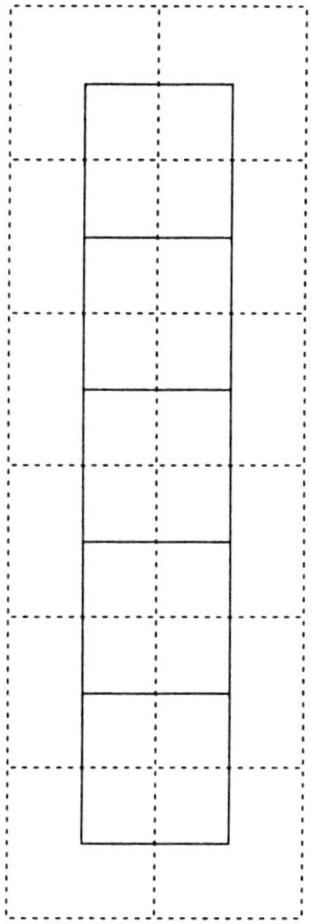

$$S=\frac{L}{2}-1$$

（**S**表面積，**L**是表示直交點之數）

陳列的面積。在L字形、T字形的中心點以虛線構成正方形。於是四個正方形的周圍就有虛線畫成十個正方形。它的一半就是五個。上下各二個虛線所表示的正方形，各是四分之一，也算一個正方形。就等於說四個的半數少一正方形，以公式表示就如下列的形式。

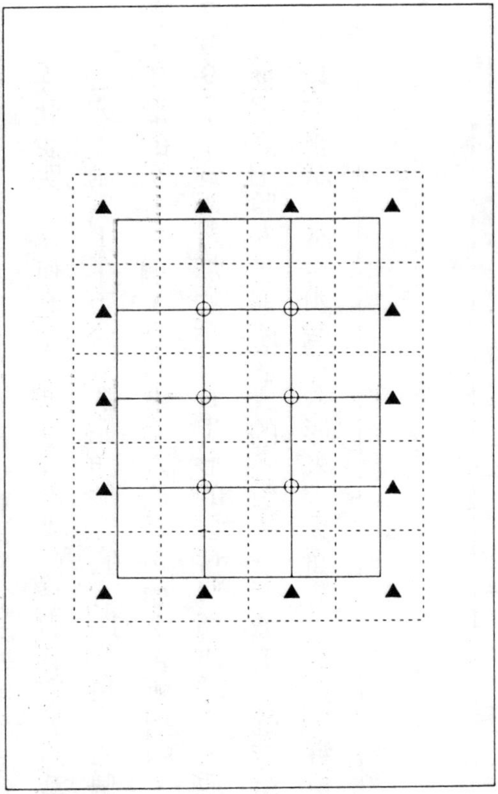

讓孩子思考時，即使正方形是排成二列的圖形，也要循著直交點數與面積的關係做。請看上圖。有L字形或T字形直交點的圖形，照剛所列的公式可以簡單地求面積，但這次的圖形，不只線上，連圖形中的正交點數也要算。大人來算的話比較容易，但換成小孩來做，就實在是很難的題目了。要花三十分鐘。總結，內部正交點一就等於面積單位正方形一。

圖中▲印表示線上正交點，○印是內部正交點。利用前面揭曉的公式，求縱的有四單位，橫的三單位的長方形的面積。內部正交點有六個，所以加上六單位就行。來算一算吧！

$$S=\frac{14}{2}-1+6$$
$$=7-1+6$$
$$=12$$

到了這地步要花二小時的時間。

然後——

「這種方法，在日本的小學裏都沒學到的東西喲！任何複雜的圖形的面積，不需要花太多時間就能簡單地計算出來。不管國土、湖、島嶼、縣市等，只要有地圖就能立刻知道面積。你一定會的。一輩子用得到。連媽媽都不知道有這種方法。上高中的哥哥姊姊也不知道。」

提供學習的動機切實地做，小孩子都會充滿幹勁。

利用公式能求出長方形的面積，但三角形是否就適用呢？可對孩子提出這樣的問題。「不可能」「可以」。讓孩子說說理由。

有孩子說——

「因爲有斜邊，所以三角形的面積不能正確求出。」

也有孩子會說——

「三角形，將長方形由對角線切開就是了，所以只要求出長方形的面積，再求其半數就可以了。」

可指示他——

「算算三角形邊上的正交點與三角形內部的正交點之數各多少。」

如次頁的圖，直角三角形邊上正交點有八個，內部正交點有三個。將它帶入提示的公式求出面積。

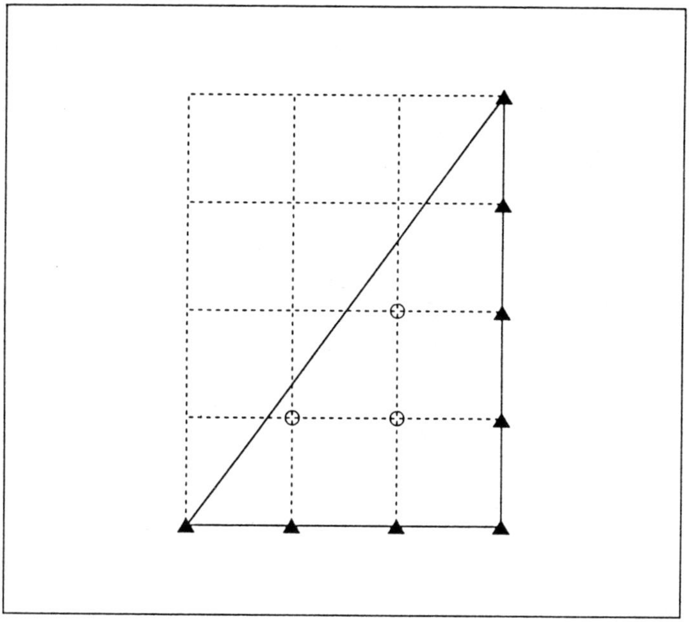

$$S=\frac{8}{2}+3-1$$
$$=6$$

誰都能正確計算。小孩子都會高呼萬歲「連三角形都能求出。」

試試梯形吧！當然可以正確算出面積。直徑十公分的圓形也能求出。這時，準備一張有五公厘的方眼紙。用圓規畫個圓。成功的話，套入公式可以求出圓的面積。單位的方格愈小，愈能算出正確的面積。

要更身入理解『面積』，頭腦與腳的真實感很重要《五年級》

在小孩的日常生活中，很少一定得接觸到面積的計算。它只是在算術中必須教授的課業。所以，卽使學習過面積，也很容易馬上就忘了。

當然，寬六公分，長八公分的長方形，它的面積是多少平方公分的題目，任何時候都能算出來，但三公畝、五公頃、三五〇平方公里等面積的話，就抓不住它的眞實感了。只是少許的理解的面積問題，經常會出錯。

最重要的理由是，只靠頭腦的思考、死記的學習而已。

一〇〇公畝等於一公頃，它的一〇〇倍等於一平方公里，在筆記上都有記載，但沒有眞正體會到，只是一味地教他計算方法，還是不能留在記憶之中。而且，一般在現實生活中，很少和朋友談到面積上的話題。孩子所能體會到的只是一平方公尺到四平方公尺左右的範圍。十平方公尺的話，無法馬上了解。

問他，「這間教室面積多大？」沒有一位孩子能馬上回答約六〇平方公尺。就

如「長七公尺，寬八公尺，所以有五六平方公尺」，目測一下教室的長與寬，或是實際測量，相乘之後，面積就算出來了。實在很難瞬間地、直接地回答大約有幾平方公尺。

求面積時，最初要讓他實測。由小東西，如明信片、筆記本、桌面、教室至大東西，如校舍、運動場等，用卷尺讓他測量。但只要從平方公分的單位到三千平方公尺、三十公畝的範圍內就可以了。到一公頃或一平方公里程度就不用實際測量了。其餘，就用黑板畫圖形解說。

在小時候，利用身體部位所學的東西比較容易理解，也更能好好地記住。相反地，只用頭腦來想，當時是了解了、記住了，但不到二天就記憶模糊了。不久之後，要考試了，都忘得一乾二淨了。

小孩在學習面積時，可以做一些小事。教平方公分時，首先求出色紙的面積，然後，報紙或塌塌米式的房間的面積也以平方公分單位計算。報紙可以包含多少張色紙呢?大人和小孩都先預測一下，然後再實際量，除一除，答案就出來了。然後，再鋪上色紙看是否與答案相同?一旦符合，孩子一定會歡呼。「媽媽，和計算的一樣耶！」

這時，小孩子對解決算術問題的喜悅與感動，雀躍不已。

同樣以平方公分單位來計算房間的面積，讓孩子預測一下可舖幾張報紙？看看大人或小孩誰最接近正確答案。仍然要用除算算出答案，是否正確，可將房間舖滿報紙。要是小孩答中時，會因爲贏父母而感到得意洋洋的。

這時，大人當然不會想要勝過孩子。當然，這是故意讓他贏，爲的是要讓他喜歡算術。孩子知道自己的預測能力超越父母時，正是燃起用功念書的意志的時刻。一看就知道故意輸的作法是不行的，但是毫不留痕跡地敗給孩子，又能讓孩子喜歡念書，的確是種好方法。

學習公頃以上廣大面積時，就換父親來從旁指導。放假日帶著孩子到公園去。在街上閒逛散步也可以。也能估計這一區或公園的面積。

要用卷尺量實在太麻煩了，就用步測的方法。一〇〇步相當多少公尺，父子二人實際量一下，求出一步的步伐。然後走一圈街道或公園，以圖表示。一起走，一起作圖，計算的結果也一起比照核對。或許有少許的誤差，不過已經很吻合了。要是誤差很大時，最好重新開始算一次。

調查面積的讀書樂趣，可培養孩子對面積的量感。而且，可以實際地抓住公頃單位的大小，也能充分了解平方公尺與公畝與公頃，以及平方公里相互間的關係。利用脚、頭腦，和父親一起學習的課業，是一生都忘不掉的活生生的學力。

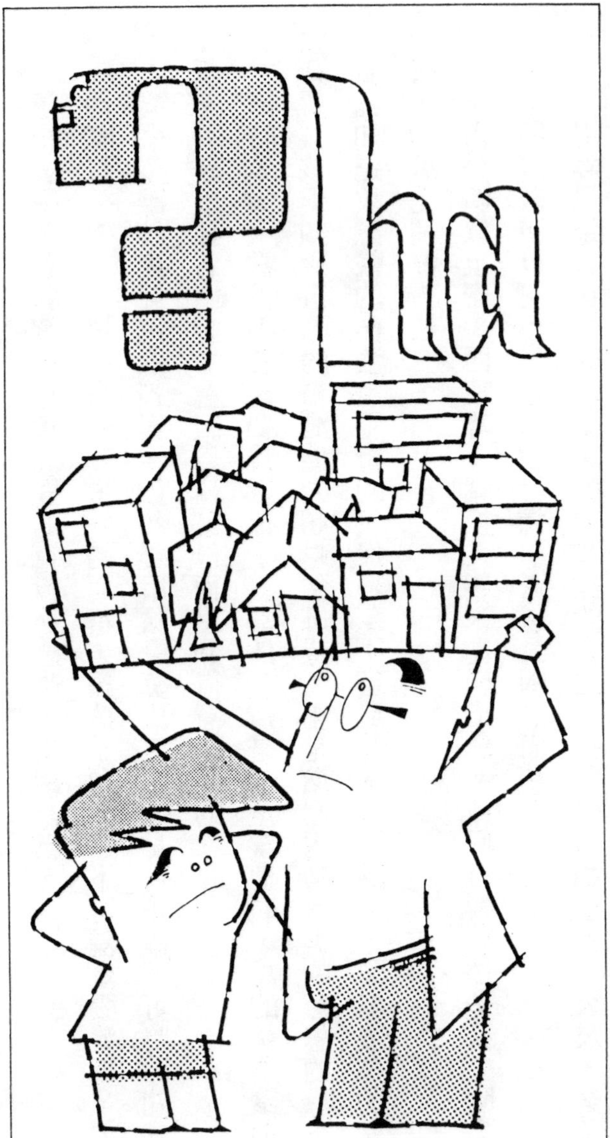

融入遊戲之中，讓他體驗重量與體積《三年級》

與長度不同，重量與體積很難猜測。要是問他，「從這裏到那座橋有多少公尺？」「這條公車經過的馬路有多寬呢？」多半答案不會太離譜。然而，問及重量或體積的話，通常都是答一些不中肯的值。

問他教科書有幾 g 的重量，或藍色塑膠袋中裝有多少Kg的可燃垃圾，能正確答出的人很少。

提到體積，更是嚴重了。鐵桶一桶中有幾 ℓ 的水，早晨喝的味噌湯共有幾 dl，能毫無誤差地說的人少之又少。平常，雖然常常看到的東西，但對其重量或容積却不能正確地把握。連大人都是如此，更不用說對重量或體積一點概念都沒有的小孩，要學習重量、體積實在很難。上算術課時，雖然多少有認眞地教，但平常生活與 ℓ 或 g 不太有直接關係，所以卽使特地學習，還是很容易忘掉。

在學校要是正當學習 ℓ、dℓ 或是 g、Kg的課題時，在家庭中，談話內容自然地

滲雜重量或體積的話題。

大夥洗澡後，比較一下家人的體重，實在是個有趣的話題。

「爸爸，這麼瘦還有七〇Kg。」

「媽媽，只有五一Kg，眞的嗎？」

「你剛出生時才二六四〇g，現在已有四二Kg了。」

在這些平常聊天之餘，無意中對重量的學習有很大的影響。

量米時，叫他——

「阿輝，今晚吃飯，從米箱裏量五dℓ的米。」

或在掃除地用水桶裝水時問他——

「何佳宜，你想想這桶的水有多少ℓ

？」

浴槽的熱水應該裝多少呢？偶爾大人問他一些問題，可使孩子對容積抱持一些關心。

測量重量的單位是g與Kg。g與一元硬幣的重量相同。一元硬幣一枚等於一g。十枚是十g。約大人的中指長度高的硬幣疊起來有三〇枚。也就是有三〇g。可以用砝碼代替使用。

容積的單位是一ℓ，或一dℓ。用厚紙畫成十公分立方的正四面體的平面圖，將它截剪做成一個體積一ℓ的立方體。一dℓ的容積，可用5cm×5cm×4cm的正方體厚紙截剪而成的。裝砂，用鉛筆將突出的砂去平，量一量確實是一dℓ，放入一ℓ的器具中，剛好有十杯一ℓ。

用自己做的升斗，勉強地將十杯一ℓ換算成dℓ時，小孩子感到非常快樂。有這種經驗的孩子，眞正能學到ℓ與dℓ的量感。而且，對於ℓ或dℓ的計算，或是單位的換算，也絕不會有錯誤。

利用ℓ升斗、dℓ器具可以量洗臉器或鐵桶的容積。也可以量牛奶瓶、果汁罐、啤酒瓶的容積。厚紙製的量器可以量砂，塑膠製的可以量水。雖然是學習課業，不如說在玩砂或玩水。多次遊玩體驗的學習可以培養豐富的理解力與應用能力。一邊倒的學習再怎麼樣也只是具備貧乏的學力。

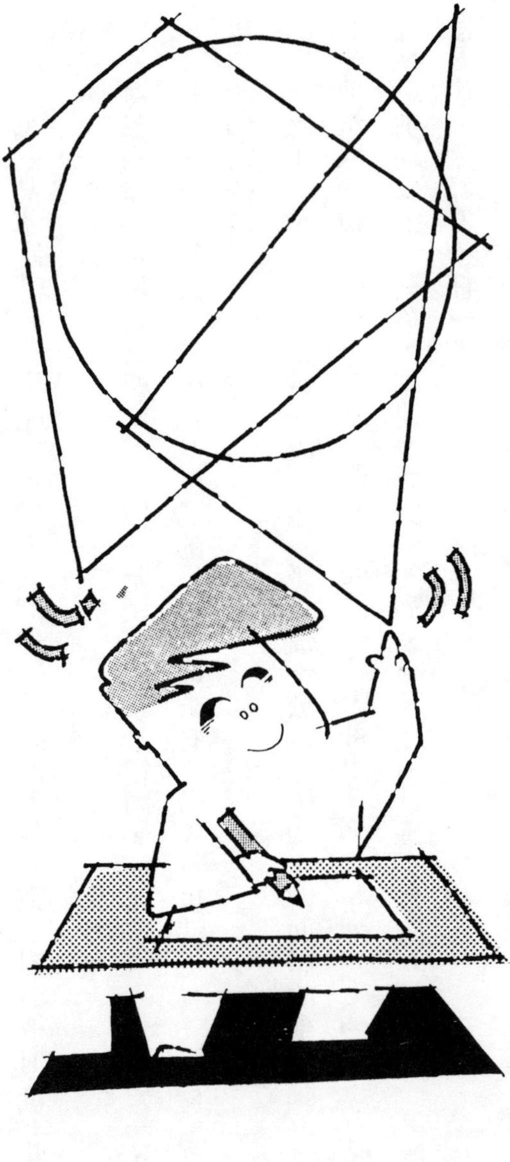

在日常生活中不斷地使用、熟悉百分率、比率《五年級》

百分率不說成percent，但孩子在學校生活，經常都這麼稱呼。是因爲考試分數的形態所意識著。全部有二五題的計算測驗，答對二二題就打八八分。全體之中，答對的題佔總題數的多少百分比的指標，是根據一〇〇分滿分法來打分數。

因此，每個孩子都要爲百分率或百分比的學習做準備或先行的體驗。與小數不同是全部合起來是一〇〇，與它相比求出比例或比率，所以開始有點迷糊，小數的分數在全體的表示法，通常合起來是1。

任何小孩都容易理解的說法是百分率等於分母是一〇〇的分數，只是將分子挑出來加上%的記號而已。

平常生活中，交談中經常用到%的家庭的孩子，自然地能抓住它的意義。五〇%說一半，0.5或$\frac{1}{2}$都能明白。不用特別提出來教，也能不知不覺中記在腦海裏。

孩子把試卷拿回家時，

「啊！今天考八五分耶。答對了八五%耶。」或——

「好棒呀！一〇〇%都會。」

在這些談話應對之中，就能逐漸了解%的意義。

小孩並不知道%可以換算成分數或小數。因此，儘管讓他練習相互的換算。從一%等於$\frac{1}{100}$，0.01開始，二%等於$\frac{2}{100}$，$\frac{1}{50}$，0.02……九九%等於$\frac{99}{100}$，0.09，一〇〇%等於$\frac{100}{100}$，即等於1，順序增加數目全部讓孩子換算。

然後反過來，將$\frac{1}{100}$，$\frac{2}{100}$，$\frac{3}{100}$……$\frac{3}{25}$……$\frac{3}{4}$……$\frac{99}{100}$等分數換算成%。等他大致都理解之後，將任意一分數換成小數及百分率，將任意小數以百分率來表示的題目，讓他練一〇〇題。

對比率，小孩子經常會誤解。若說二成，會認為是全部以2除，或說五成，會認為是$\frac{1}{5}$。因此，表示百分比或比率時，英國仍然使用%，在日本則還是比率來教授。

十%稱為一成，二五%是二成五，七八・九%是七成八分九的說法，立刻能理

50/100 =
= 1/2 =
50分

解，雖然說法各有不同，仍然還是可以計算。

只是，算術課雖然有教百分率或比率，但終究不能成爲活用的學力。從一般日常生活中應該經常使用，若不能加以活用的話，不能成爲眞正的學力。大家都會關心商店街大拍賣時貼出的折扣率，銀行或郵局在存錢時都注意利率的問題。如壓歲錢，或恭賀進級的賀禮，不交給父母保管，讓孩子注意存款種類不同，利息也不同，預先算出利息高的種類，讓孩子自己選擇喜好的金融機構，卽使數字不多，可以讓他把錢存起來。

這種現實生活的體驗中，對百分率或比率的思考，計算方法都能實地做到的孩子，就能完全地活用所學的學力了。爲了不中斷課業上的學習，實地參與是最好的複習。

除了熟知百分率、比率、分數相互的關係之外，要讓他迅速而且熟練大量的計算，讓孩子做計算換算的練習效果較好。（參照次頁）

上欄或左欄，任意記入比率、百分率、小數或分數任一種，再用另一種表示法做答。在做答時，父母要一一地拚命核對比較辛苦。但做一回或二回之後，立刻能

小數十比率以百分率表示

+	0.01	0.05	0.08	0.1	0.2	0.25	0.5	0.64	0.75	0.8
1成										
2成5										
4成										
7成5										
2分			10%							
8分										
5成						75%				
1成5										
3成6										
6成5										

看出答案了。這樣的練習不必做太多。

顯著增進演算處理能力之娛樂性、智慧性的計算《四年級》

算術算得好或不好，最主要的因素在於計算力。不擅於計算的小孩，就不喜歡算術。

小學校所教的算術，都不需特殊的數學才能或是有創造性的思考。只要能正確讀出題目的本意，印象化的想像力以及計算的能力，算術並不是困難的科目。換成另一種說法，喜歡書，而且經常閱讀它，並且能切實做好計算練習的小孩，算術經常都會有好成績。

能好好地學習算術的基礎，卽計算力的孩子，在他練習計算之餘，對數的構造、數與數的關係，在不知不覺中都能學到。這種孩子，讓他做一種計算的遊戲練習，更能增進他的興趣，接受挑戰。我們稱這種遊戲爲益智計算。

在此之前，經常會算錯的孩子之中，有不少人是計算順序搞錯。連大人都會弄錯。只出三題計算題，做看看。它們的答案各是多少呢？若答案是①6，②14，③

14的話，那就錯了。正確的答案是①9，②2，③8。計算式中若有( )符號，要從它先算起。然後再算×÷。最後再算＋－，這是計算的規則。

① $6+6\div2=$

② $6+6-5\times2=$

③ $6+(6-5)\times2=$

先前①的題目，若答案是6的話，它一定要如次頁一樣使用( )符號才行。

現在，我們來做益智計算。

用五個相同的數字，做成答案從0到10的計算式的遊戲，小孩子一定會熱中地做。

使用數字1比較不可能，所以從2到9的數都全部用上，親子競爭也是一種好辦法。孩子的演算處理能力也能顯著地進步。從2到9的益智計算就例舉一些供參考之用。不要看解答做一遍吧！會費很多時間。無需一天全部做完，第一天先練2

，第二天再做3，這樣一個接一個做下去。

用 **2** 的情況

$2\div2+2\div2-2=0$

$2+2-2-2\div2=1$

$2+2+2-2-2=2$

$2\times2\div2\div2+2=3$

$2+2\div2+2\div2=4$

$2\times2+2-2\div2=5$

$2\times2+2+2-2=6$

$2+2+2+2\div2=7$

$(2+2)\times2\times2\div2=8$

$2\times2\times2+2\div2=9$

$2+2+2+2+2=10$

用 **3** 的情況

$(3-3)\div(3+3)\times3=0$

$(3+3+3)\div(3\times3)=1$

$3-(3+3)\div(3+3)=2$

$3+3\div3-3\div3=3$

$(3+3+3+3)\div3=4$

$3+3\div3+3\div3=5$

$(3+3+3)\div3+3=6$

$3\times3+3\div3-3=7$

$3+3+3-3\div3=8$

$(3+3+3)\times3\div3=9$

$3+3+3+3\div3=10$

用 4 的情況

(4+4−4−4)÷4=0

(4+4×4)÷4−4=1

(4+4)×4÷4÷4=2

4−(4÷4×4)÷4=3

4×4×4÷4÷4=4

(4−4+4)÷4+4=5

4÷4+4÷4+4=6

(4+4+4)÷4+4=7

(4÷4+4÷4)×4=8

(4+4×4)÷4+4=9

(4+4)÷4+4+4=10

用 5 的情況

(5−5)÷5+5−5=0

(5−5)÷5+5÷5=1

(5+5)÷5+5−5=2

(5+5)÷5+5÷5=3

(5+5+5+5)÷5=4

5×5÷5×5÷5=5

(5+5−5)÷5+5=6

5+5÷5+5÷5=7

(5+5+5)÷5+5=8

(5×5−5)÷5+5=9

(5÷5+5÷5)×5=10

用 6 的情況

$(6-6)\div6\times6\times6=0$

$(6+6\times6)\div6-6=1$

$(6+6)\div6\times6\div6=2$

$6-(6+6+6)\div6=3$

$(6+6+6+6)\div6=4$

$6-(6\div6\times6\div6)=5$

$6\times6\times6\div6\div6=6$

$6\times6\div6+6\div6=7$

$6+6\div6+6\div6=8$

$(6+6+6)\div6+6=9$

$66\div6-6\div6=10$

用 7 的情況

$(7-7)\div(7+7+7)=0$

$7-(7\times7-7)\div7=1$

$(7+7+7-7)\div7=2$

$(7+7)\div7+7\div7=3$

$(7+7+7+7)\div7=4$

$7-7\div7-7\div7=5$

$7-7\times7\div7\div7=6$

$7\times7\times7\div7\div7=7$

$7\times7\div7+7\div7=8$

$7+7\div7+7\div7=9$

$(7+7+7)\div7+7=10$

用 8 的情況

$(8-8)\times8\times8\times8=0$

$(8+8\times8)\div8-8=1$

$(8+8)\div8+8-8=2$

$(8+8)\div8+8\div8=3$

$(8+8+8+8)\div8=4$

$8-(8+8+8)\div8=5$

$8-8\div8-8\div8=6$

$8-(8+8)\div(8+8)=7$

$(8\times8\times8)\div8\div8=8$

$(8+8)\div(8+8)+8=9$

$8+8\div8+8\div8=10$

用 9 的情況

$(9-9)\times9\times9\times9=0$

$(9+9\times9)\div9-9=1$

$(9+9)\div9+9-9=2$

$(9+9)\div9+9\div9=3$

$(9+9+9+9)\div9=4$

$(9\times9+9)\div(9+9)=5$

$9-(9+9+9)\div9=6$

$9-9\div9-9\div9=7$

$9-(9+9)\div(9+9)=8$

$(9\times9\times9)\div9\div9=9$

$99\div9-9\div9=10$

用五題檢查測驗可以了解孩子頭腦的狀況《三年級》

經常有人問到，「普通的計算還會，但是遇到應用題簡直就不行了。難道這孩子頭腦不好嗎？」這時，這樣反問他。

「這孩子會跟父母頂嘴嗎？會背著大人或老師做壞事、惡作劇，或欺侮弱小嗎？做壞事被抓到後，被斥責時，就把責任推給朋友或兄弟嗎？」

對這些問題，若有一項的答案是肯定的話，這孩子絕不是頭腦差的人。至少，他有普通的智能。如此說來，他到中學三年所教的學業，都能全部理解。

義務教育所教授的知識，不需要有特別優秀的才能，或智力、腦筋的靈巧與否。一般的小孩都能理解，都能學習的程度。身為國民、主權者，最低共通的教養是中學畢業的學力。在考公立高中時，能考八〇分的能力才是注視的目標。與頭腦好壞無關，只要健康發育的小孩，誰要學習這種程度的學力是可能的。

然而，現在中學生並非這樣。大部份的孩子，對於中學畢業應具備的學力都沒學到就進入高中了。而且，在高中該學的都沒學到，整天過著無聊的日子。

具有中學一般學力的孩子，就在當地被稱爲有名的學校就學了。也就是所謂的入學率高的高中。進入這些高中的孩子，絕不是頭腦特別好的孩子。是小學時一點一滴慢慢用功的孩子。唯有這樣做，在義務教育結束後，也能具備應有的學力。

具體地說，讀課本教材、背新國字、做好計算練習——這些基礎的學習都能從小開始，每天持續地學習的話，他必能獲得每時期、每學年所應具備的學力。

即，不會忘記做作業，所分配的課業也絕不會偷懶。由於這種學習的累積，學習速度也能逐漸增快。

這樣的孩子，對學習大概採取三步驟「正確、快速、乾淨」。相反地，小時候對功課總是馬虎的小孩，整天沉浸在遊玩、電視之中，對於學習總是採「髒、慢、偷懶」三種負面的拍子。

低學力的孩童，一般佔該學年名的十%。小學一年級有十%，三年級三〇%，六年級有六〇%，中學三年級等於九年級所以佔九〇%的人沒有具備應有的學力。好不容易義務教育結束後，有十%的孩子具備應有的學力進入當地著名的高中。而這些孩子，只是普通的小孩。

不擅做應用題的小孩，並不是頭腦不好，只是怠於每天的學習工作。會計算的孩子，一定會做好計算的練習。社會科強的孩子，總是經常查地圖、聽消息、閱讀地理或歷史方面的書。喜歡音樂的孩子，每天都會練習樂器。國字經常考一〇〇分的孩子，都是每天練習得來的成績。已經相當明白了。不會應用題的孩子，就是逃避做應用題，不肯接受訓練的緣故。

接著，我們提出一些問題來判定這孩子腦筋是好是壞。卽使都不懂計算的孩子也能回答的問題。

①小華，糖果與麥芽糖比較起來，她喜歡糖果。糖果和巧克力比的話，喜歡巧克力。那小華最喜歡哪一種呢？

②蘋果與梨子比，蘋果大，柿子與蘋果比，柿子大。那麼，柿子與梨子哪個大？

③假如，老鼠比小狗大，狗比老虎大的話，老鼠與老虎哪個大？

④有ABCD四個市。A市比C市大，C比B小。B比A大，D僅次於A，寫出這四個城市大小順序。

⑤有三位法國女孩子。瑪琪如多的頭髮顏色比蕾娜羅的亮，瑪琪如多的比安妮特的深。誰的頭髮最黑？

能正確答對①②題的小孩，計算方面還算正確，所以在低學年時不致於落後別人。這些例子都經常出現在孩子的日常生活裏，只是常識的問題。①題是孩子本身最喜歡的東西，答案和自己的相同，所以只要會念題目，就不會錯了。第②題中的三項水果，必須一邊想像一邊推理。能答對的小孩，才是腦筋好的孩子。

①②題都答錯的小孩，絕不能罵他，不要責備他，要讓他再仔細讀題目。看不懂題目的孩子，或許用說的他會了解，幼兒就是這種典型的人。

看不懂字句的孩子，在考卷的測驗，就會得到很差的成績，雖然會讀字面上的字，但對所寫的內容，無法浮在腦裏。這是因爲他無法將應用題目的內容想像化，

如何使人
好感
心
文

所以說給他聽，他會理解，就能寫出解答。

這種情形的小孩，絕不能催他、斥責他，要充分給他時間慢慢做，並且讓孩子自己正確地大聲念題目。親子交替念也可以。可以一方面聽父母所念的，又可聽自己念的題目。在父母念題目時，孩子可以用眼睛念題目。自己出聲念時，自己的眼睛也看著題目。利用眼睛與耳朵二個感覺器官，可以感覺文意，而且終究能將題目的內容想像化。

在歡樂的氣氛中，然後經過一些時日，小孩就不需要假借父母的援助，自己能正確地寫出解答了。催他、斥責他、諷刺他，這些對孩子智慧的發展，是最大的障碍。要是如此對待他，還不如不要讓他做練習的好。父母以爲自己孩子笨，小孩也深信自己是傻子，最後只會造成討厭念書的後果。

第③題，與我們日常所知的相反，這只是虛構的問題。在做題目時，了解答案與現實生活所確認的事實相違的孩子會認爲是富有幽默感，相當好玩的問題。但是，不能正確領悟題目的意思的小孩，或是對應用題不能轉換成想像的形式的小孩，認爲所寫的答案與事實體驗的相反，所以感到頭痛。因此，就寫錯了答案了。這樣的孩子，還停留在具體的思考、經驗的思考範圍。

但是，不必擔心。只要多接觸這類的問題，早晚會懂的。能輕易回答③題的孩子，他卽使在假定的條件下都還能有依照理論性的思考對問題加以分析的能力，就不必擔心計算力會比別人差。第③題不會的孩子，大部份是由於他不習慣於讀書。他還停留在柔軟的思考、聯想力差的階段。

不會做第③題的小孩，應該給他閱讀一些有趣的讀物。而且讓孩子自己來解應用題，如此一來，就能急速加強領悟應用題的能力了。

第④題只要孩子會運用記號，再加上理論的思考，這類題目是最喜愛的類型了。能從具體的、經驗上的思考的模式中脫穎出來，而進入概念操作，抽象式的思考世界的孩子，並不覺得難了。

到了小學四年級連第④題都不會做的孩子，很容易在算術上遭受挫敗。卽使去補習，還是無法增進實力。父母或子女本身都會認爲自己頭腦差而放棄。既然對日常上的事物都具有智慧，他絕不是腦筋差的孩子，只是對於必須要特別用到抽象式的思考的話，頭腦就一團迷霧了。

不會做第④題的孩子，可將ＡＢＣＤ換成阿雄、小華、高志、明彥等人名，想必一定會答。另外，對於不等號（＜＞）的用法，也得好好的解釋，那麼幾乎所有的小孩都能找到正確的答案。就是讓孩子在經驗中的世界裏思考。若只在記號或符號上來思考題目的話，很容易鑽入角尖而成思考中止的狀態。

這時，Ａ是小叮噹、Ｂ是飛利貓、Ｃ是大力水手、Ｄ是米老鼠等將名字改爲孩子所熟悉的名字。那就會比較容易解開難題了。

以一位小學生而言，能回答第⑤題的孩子，必須具備相當的思考力，只要不要偷懶，無需擔心學力問題。

這五題題目，不需父母任何指導都能正確答出的孩子，的確是頭腦相當棒的人。在小學課業方面，總是有接近滿分的成績。但非得有所警戒的是，由於輕易地就有好成績，很容易造成忽略學業的學習。

會變成自己腦筋好就自大，周圍的人也都說他頭腦好，不知不覺也會看不起朋友，沒有按步就班地學習與複習的習慣就進入中學、高中的話，成績一定會退步。

當發現時，昔日是秀才，今日已變成傻瓜了。

五題都會，並不值得喝采。不按步就班一點一點地用功念書的話，到最後還是會落在別人後面。

會四題的小孩，腦筋還算好。稍微可以安心一點。雖然無需煩惱，但一定是個喜歡到外面遊玩的孩子。對這種孩子，一定要讓他每天花三十分到一小時的時間坐在書桌前念書。然後，表現好的話，可以褒揚他一下，「啊！可以去好好地玩一下吧！」

只能答對三題的小孩，頭腦平平。大概是不太愛念書的小孩。對應用題的內容閱讀理解能力稍加薄弱，所以會誤解詞中之意。

但，對類似的題目，讓他慢慢地閱讀，下次一定會答對。這種孩子，應該讓他反覆地讀課本。總之，他對於用印刷式的鉛字排版的內容的書本，沒有一字一字閱讀的習慣。因此，希望能在晚飯後，全家人花三十分鐘設個讀書時間，一起培養閱讀的習慣，電視的吵雜音聲之中的家居生活，很難延伸抓住應用題題意的能力。

只答對二題的孩子，是否頭腦就差呢？

不，並非如此，父母帶領著他做，孩子本身也反覆地研究的話，一定能找出正

蘋果＞梨子

柿子＞蘋果

確答案。還不行的話，要教他不等號符號的用法。現在小學二年級就有教不等號用法。「蘋果與梨子比，蘋果大時，就寫——

蘋果＞梨子

那柿子與蘋果，哪一個大呢？」

「柿子比較大。」

「那用不等號＞表示看看。」

比較兩個不等式，然後問他——

「那麼，柿子與梨子哪個大？」

能答對的話，對答錯的問題，指示他再重新思考一次。只是，能答對一題的話，就立刻停止。對集中力或持續力尚未發達完整階段的小孩，要他全部做完，或全部都要做到正確為止的地步，實在是件殘酷的事。過分強迫他只會造成他討厭念書。其他三題不會的題目，只要有一個能正確答出就夠了。

也可以這樣說「啊！你懂了。眞好。去玩吧！明天再做。」「沒有全做完，不能去玩。」這種殘酷的強制學習法絕對無法使小孩子聰明。只會造成痛恨厭惡念書。即使全部讓他做完，也不見得變聰明。在壓抑與強制的環境之下，無法讓智慧發達。唯有在快樂的氣氛中學習，才能逐漸地喜歡念書。

若只能答對一題的話，也別太悲觀，只是閱讀能力或思考力還停留在尚未發達的階段。只是訓練或測驗不太能增進這種能力。在平常家居生活，親子之間要能融洽地交談。家中嚴肅恐怖氣氛消失，而且能保障求知的自由，這才是能使孩子聰慧最好的奠基。

即使五題都不會做的孩子，也別斷定他笨。一定是在家裏很少讓他好好地思考一些事情。一見到孩子，就「快去做」「去收拾」「去洗手」「別吵了」「快去洗澡」「別顧著看電視」「又在看漫畫」「看過功課表了嗎」「作業寫了沒」「有沒有遺忘東西」「快去睡」一連貫指示、命令、禁止之類的話，一天到晚不時地響著的家庭裏，很難培育孩子對事物做理論上的思考。要是不直接的、衝動的、反射的思考或行動的話，就會遭受打耳光或挨揍。因此，剛才的五題就無法正確地答出來了。並不是孩子笨，而是在父母的怒罵斥責之下，孩子的思考力無法順利地發達。

對於全答錯的孩子，一定要經常溫柔地、細心地慢慢向他解說。然後要一起閱讀書本。小孩不論提出什麼問題，也要誠實欣然接受並解答。要有耐心地照顧孩子的成長與發育，是父母維持孩子智慧發展最重要的工作。

能應付任何應用題的四個條件

《三年級》

要能流利地解應用題，就必須有正確閱讀題目的內容的能力。喜歡讀書的孩子，自然具備這種能力。因此，愛好讀書，又不怠於計算練習的孩子，只要不是奇怪的難題，一般應用題都能輕易解決。若是說因爲不會做算術應用題，就一味地讓他做很多訓練或測驗，但效果並不顯著。那是因爲沒有從事培育抓住文章內容的能力，以及將題意改變成現實生活這種想像能力。

要強化解應用題的能力，第一要先讓他喜歡讀書。也就是父母會愛好書。因爲大人愛看電視，小孩子也會愛看電視。父母喜歡書的話，孩子也會喜歡書本。

第二，對課本裏的應用題，不只一次，要每天經過二次、三次地反覆設定計算式，計算，求出答案。若可能的話，可以買參考題目之類的書，每天練習三十分鐘左右。對小學生而言，長時間的練習反而有害。對於嘗試其他各種經驗的時間減少之後，必會影響將來的發育。

第三，要讓他切實地熟練計算。計算力差的小孩，經常會失敗。要眞正保有算術的學力，最具決定性的要素就是要有正確而且迅速地演算的能力。

第四，讓他體驗更多的事物。從以前，所謂的好孩子就是『會玩，而且會學習的孩子』。遊戲是小孩子發育的泉源。在太陽底下，三兩人的小團體，吸收大地綠野之氣——卽使弄得滿身汚泥的玩耍，是保障孩童發育最大的泉源。會玩的孩子，有如手中握有豐富的發展的保證。所以，氣力、體力都會強壯。這是要獲得更高學力最有利的條件。而且也能學習各種的經驗、知識。從長遠的觀點來看，缺乏遊樂細胞的孩子，硬要延伸學力的話，並非是好事。

應用題一點也不難。只要經常去玩，常看書，做好複習的工作，認眞地練習計算的話，算術是最簡單的學科。因爲答案只有一個。而且立計算式與計算都沒錯的話，誰都能正確求出解答。事實上是最簡單的課業。與腦筋的好壞一點關係也沒。只要能對應用題熟練的話，再也沒有比它更簡單，比它更輕鬆的科目了。只要不是有特殊發育障碍的小孩，誰都能考八十分以上。

反過來說的話，最適合腦筋差的孩子的學習——就是算術。

大展出版社有限公司　圖書目錄

地址：台北市北投區(石牌)
致遠一路二段12巷1號
郵撥：0166955～1

電話：(02)28236031
28236033
傳真：(02)28272069

・法律專欄連載・電腦編號 58

台大法學院　法律學系／策劃
法律服務社／編著

1. 別讓您的權利睡著了 1		200 元
2. 別讓您的權利睡著了 2		200 元

・秘傳占卜系列・電腦編號 14

1. 手相術	淺野八郎著	180 元
2. 人相術	淺野八郎著	180 元
3. 西洋占星術	淺野八郎著	180 元
4. 中國神奇占卜	淺野八郎著	150 元
5. 夢判斷	淺野八郎著	150 元
6. 前世、來世占卜	淺野八郎著	150 元
7. 法國式血型學	淺野八郎著	150 元
8. 靈感、符咒學	淺野八郎著	150 元
9. 紙牌占卜學	淺野八郎著	150 元
10. ESP 超能力占卜	淺野八郎著	150 元
11. 猶太數的秘術	淺野八郎著	150 元
12. 新心理測驗	淺野八郎著	160 元
13. 塔羅牌預言秘法	淺野八郎著	200 元

・趣味心理講座・電腦編號 15

1. 性格測驗① 探索男與女	淺野八郎著	140 元
2. 性格測驗② 透視人心奧秘	淺野八郎著	140 元
3. 性格測驗③ 發現陌生的自己	淺野八郎著	140 元
4. 性格測驗④ 發現你的真面目	淺野八郎著	140 元
5. 性格測驗⑤ 讓你們吃驚	淺野八郎著	140 元
6. 性格測驗⑥ 洞穿心理盲點	淺野八郎著	140 元
7. 性格測驗⑦ 探索對方心理	淺野八郎著	140 元
8. 性格測驗⑧ 由吃認識自己	淺野八郎著	160 元
9. 性格測驗⑨ 戀愛知多少	淺野八郎著	160 元
10. 性格測驗⑩ 由裝扮瞭解人心	淺野八郎著	160 元

11. 性格測驗⑪ 敲開內心玄機	淺野八郎著	140 元
12. 性格測驗⑫ 透視你的未來	淺野八郎著	160 元
13. 血型與你的一生	淺野八郎著	160 元
14. 趣味推理遊戲	淺野八郎著	160 元
15. 行為語言解析	淺野八郎著	160 元

・婦 幼 天 地・電腦編號 16

1. 八萬人減肥成果	黃靜香譯	180 元
2. 三分鐘減肥體操	楊鴻儒譯	150 元
3. 窈窕淑女美髮秘訣	柯素娥譯	130 元
4. 使妳更迷人	成　玉譯	130 元
5. 女性的更年期	官舒妍編譯	160 元
6. 胎內育兒法	李玉瓊編譯	150 元
7. 早產兒袋鼠式護理	唐岱蘭譯	200 元
8. 初次懷孕與生產	婦幼天地編譯組	180 元
9. 初次育兒 12 個月	婦幼天地編譯組	180 元
10. 斷乳食與幼兒食	婦幼天地編譯組	180 元
11. 培養幼兒能力與性向	婦幼天地編譯組	180 元
12. 培養幼兒創造力的玩具與遊戲	婦幼天地編譯組	180 元
13. 幼兒的症狀與疾病	婦幼天地編譯組	180 元
14. 腿部苗條健美法	婦幼天地編譯組	180 元
15. 女性腰痛別忽視	婦幼天地編譯組	150 元
16. 舒展身心體操術	李玉瓊編譯	130 元
17. 三分鐘臉部體操	趙薇妮著	160 元
18. 生動的笑容表情術	趙薇妮著	160 元
19. 心曠神怡減肥法	川津祐介著	130 元
20. 內衣使妳更美麗	陳玄茹譯	130 元
21. 瑜伽美姿美容	黃靜香編著	180 元
22. 高雅女性裝扮學	陳珮玲譯	180 元
23. 蠶糞肌膚美顏法	坂梨秀子著	160 元
24. 認識妳的身體	李玉瓊譯	160 元
25. 產後恢復苗條體態	居理安・芙萊喬著	200 元
26. 正確護髮美容法	山崎伊久江著	180 元
27. 安琪拉美姿養生學	安琪拉蘭斯博瑞著	180 元
28. 女體性醫學剖析	增田豐著	220 元
29. 懷孕與生產剖析	岡部綾子著	180 元
30. 斷奶後的健康育兒	東城百合子著	220 元
31. 引出孩子幹勁的責罵藝術	多湖輝著	170 元
32. 培養孩子獨立的藝術	多湖輝著	170 元
33. 子宮肌瘤與卵巢囊腫	陳秀琳編著	180 元
34. 下半身減肥法	納他夏・史達賓著	180 元
35. 女性自然美容法	吳雅菁編著	180 元
36. 再也不發胖	池園悅太郎著	170 元

37. 生男生女控制術	中垣勝裕著	220 元
38. 使妳的肌膚更亮麗	楊　皓編著	170 元
39. 臉部輪廓變美	芝崎義夫著	180 元
40. 斑點、皺紋自己治療	高須克彌著	180 元
41. 面皰自己治療	伊藤雄康著	180 元
42. 隨心所欲瘦身冥想法	原久子著	180 元
43. 胎兒革命	鈴木丈織著	180 元
44. NS 磁氣平衡法塑造窈窕奇蹟	古屋和江著	180 元
45. 享瘦從腳開始	山田陽子著	180 元
46. 小改變瘦 4 公斤	宮本裕子著	180 元
47. 軟管減肥瘦身	高橋輝男著	180 元
48. 海藻精神秘美容法	劉名揚編著	180 元
49. 肌膚保養與脫毛	鈴木真理著	180 元
50. 10 天減肥 3 公斤	彤雲編輯組	180 元
51. 穿出自己的品味	西村玲子著	280 元
52. 小孩髮型設計	李芳黛譯	250 元

・青 春 天 地・電腦編號 17

1. A 血型與星座	柯素娥編譯	160 元
2. B 血型與星座	柯素娥編譯	160 元
3. O 血型與星座	柯素娥編譯	160 元
4. AB 血型與星座	柯素娥編譯	120 元
5. 青春期性教室	呂貴嵐編譯	130 元
7. 難解數學破題	宋釗宜編譯	130 元
9. 小論文寫作秘訣	林顯茂編譯	120 元
11. 中學生野外遊戲	熊谷康編著	120 元
12. 恐怖極短篇	柯素娥編譯	130 元
13. 恐怖夜話	小毛驢編譯	130 元
14. 恐怖幽默短篇	小毛驢編譯	120 元
15. 黑色幽默短篇	小毛驢編譯	120 元
16. 靈異怪談	小毛驢編譯	130 元
17. 錯覺遊戲	小毛驢編著	130 元
18. 整人遊戲	小毛驢編著	150 元
19. 有趣的超常識	柯素娥編譯	130 元
20. 哦！原來如此	林慶旺編譯	130 元
21. 趣味競賽 100 種	劉名揚編譯	120 元
22. 數學謎題入門	宋釗宜編譯	150 元
23. 數學謎題解析	宋釗宜編譯	150 元
24. 透視男女心理	林慶旺編譯	120 元
25. 少女情懷的自白	李桂蘭編譯	120 元
26. 由兄弟姊妹看命運	李玉瓊編譯	130 元
27. 趣味的科學魔術	林慶旺編譯	150 元
28. 趣味的心理實驗室	李燕玲編譯	150 元

29. 愛與性心理測驗	小毛驢編譯	130 元
30. 刑案推理解謎	小毛驢編譯	180 元
31. 偵探常識推理	小毛驢編譯	180 元
32. 偵探常識解謎	小毛驢編譯	130 元
33. 偵探推理遊戲	小毛驢編譯	130 元
34. 趣味的超魔術	廖玉山編著	150 元
35. 趣味的珍奇發明	柯素娥編著	150 元
36. 登山用具與技巧	陳瑞菊編著	150 元
37. 性的漫談	蘇燕謀編著	180 元
38. 無的漫談	蘇燕謀編著	180 元
39. 黑色漫談	蘇燕謀編著	180 元
40. 白色漫談	蘇燕謀編著	180 元

・健 康 天 地・電腦編號 18

1. 壓力的預防與治療	柯素娥編譯	130 元
2. 超科學氣的魔力	柯素娥編譯	130 元
3. 尿療法治病的神奇	中尾良一著	130 元
4. 鐵證如山的尿療法奇蹟	廖玉山譯	120 元
5. 一日斷食健康法	葉慈容編譯	150 元
6. 胃部強健法	陳炳崑譯	120 元
7. 癌症早期檢查法	廖松濤譯	160 元
8. 老人痴呆症防止法	柯素娥編譯	130 元
9. 松葉汁健康飲料	陳麗芬編譯	130 元
10. 揉肚臍健康法	永井秋夫著	150 元
11. 過勞死、猝死的預防	卓秀貞編譯	130 元
12. 高血壓治療與飲食	藤山順豐著	180 元
13. 老人看護指南	柯素娥編譯	150 元
14. 美容外科淺談	楊啟宏著	150 元
15. 美容外科新境界	楊啟宏著	150 元
16. 鹽是天然的醫生	西英司郎著	140 元
17. 年輕十歲不是夢	梁瑞麟譯	200 元
18. 茶料理治百病	桑野和民著	180 元
19. 綠茶治病寶典	桑野和民著	150 元
20. 杜仲茶養顏減肥法	西田博著	150 元
21. 蜂膠驚人療效	瀨長良三郎著	180 元
22. 蜂膠治百病	瀨長良三郎著	180 元
23. 醫藥與生活(一)	鄭炳全著	180 元
24. 鈣長生寶典	落合敏著	180 元
25. 大蒜長生寶典	木下繁太郎著	160 元
26. 居家自我健康檢查	石川恭三著	160 元
27. 永恆的健康人生	李秀鈴譯	200 元
28. 大豆卵磷脂長生寶典	劉雪卿譯	150 元
29. 芳香療法	梁艾琳譯	160 元

30. 醋長生寶典	柯素娥譯	180 元
31. 從星座透視健康	席拉・吉蒂斯著	180 元
32. 愉悅自在保健學	野本二士夫著	160 元
33. 裸睡健康法	丸山淳士等著	160 元
34. 糖尿病預防與治療	藤田順豐著	180 元
35. 維他命長生寶典	菅原明子著	180 元
36. 維他命 C 新效果	鐘文訓編	150 元
37. 手、腳病理按摩	堤芳朗著	160 元
38. AIDS 瞭解與預防	彼得塔歇爾著	180 元
39. 甲殼質殼聚糖健康法	沈永嘉譯	160 元
40. 神經痛預防與治療	木下真男著	160 元
41. 室內身體鍛鍊法	陳炳崑編著	160 元
42. 吃出健康藥膳	劉大器編著	180 元
43. 自我指壓術	蘇燕謀編著	160 元
44. 紅蘿蔔汁斷食療法	李玉瓊編著	150 元
45. 洗心術健康秘法	竺翠萍編譯	170 元
46. 枇杷葉健康療法	柯素娥編譯	180 元
47. 抗衰血癒	楊啟宏著	180 元
48. 與癌搏鬥記	逸見政孝著	180 元
49. 冬蟲夏草長生寶典	高橋義博著	170 元
50. 痔瘡・大腸疾病先端療法	宮島伸宜著	180 元
51. 膠布治癒頑固慢性病	加瀨建造著	180 元
52. 芝麻神奇健康法	小林貞作著	170 元
53. 香煙能防止癡呆？	高田明和著	180 元
54. 穀菜食治癌療法	佐藤成志著	180 元
55. 貼藥健康法	松原英多著	180 元
56. 克服癌症調和道呼吸法	帶津良一著	180 元
57. B 型肝炎預防與治療	野村喜重郎著	180 元
58. 青春永駐養生導引術	早島正雄著	180 元
59. 改變呼吸法創造健康	原久子著	180 元
60. 荷爾蒙平衡養生秘訣	出村博著	180 元
61. 水美肌健康法	井戶勝富著	170 元
62. 認識食物掌握健康	廖梅珠編著	170 元
63. 痛風劇痛消除法	鈴木吉彥著	180 元
64. 酸莖菌驚人療效	上田明彥著	180 元
65. 大豆卵磷脂治現代病	神津健一著	200 元
66. 時辰療法—危險時刻凌晨 4 時	呂建強等著	180 元
67. 自然治癒力提升法	帶津良一著	180 元
68. 巧妙的氣保健法	藤平墨子著	180 元
69. 治癒 C 型肝炎	熊田博光著	180 元
70. 肝臟病預防與治療	劉名揚編著	180 元
71. 腰痛平衡療法	荒井政信著	180 元
72. 根治多汗症、狐臭	稻葉益巳著	220 元
73. 40 歲以後的骨質疏鬆症	沈永嘉譯	180 元

74. 認識中藥 松下一成著 180元
75. 認識氣的科學 佐佐木茂美著 180元
76. 我戰勝了癌症 安田伸著 180元
77. 斑點是身心的危險信號 中野進著 180元
78. 艾波拉病毒大震撼 玉川重德著 180元
79. 重新還我黑髮 桑名隆一郎著 180元
80. 身體節律與健康 林博史著 180元
81. 生薑治萬病 石原結實著 180元
82. 靈芝治百病 陳瑞東著 180元
83. 木炭驚人的威力 大槻彰著 200元
84. 認識活性氧 井土貴司著 180元
85. 深海鮫治百病 廖玉山編著 180元
86. 神奇的蜂王乳 井上丹治著 180元
87. 卡拉OK健腦法 東潔著 180元
88. 卡拉OK健康法 福田伴男著 180元
89. 醫藥與生活(二) 鄭炳全著 200元
90. 洋蔥治百病 宮尾興平著 180元
91. 年輕10歲快步健康法 石塚忠雄著 180元
92. 石榴的驚人神效 岡本順子著 180元
93. 飲料健康法 白鳥早奈英著 180元
94. 健康棒體操 劉名揚編譯 180元
95. 催眠健康法 蕭京凌編著 180元
96. 鬱金（美王）治百病 水野修一著 180元

・實用女性學講座・電腦編號19

1. 解讀女性內心世界 島田一男著 150元
2. 塑造成熟的女性 島田一男著 150元
3. 女性整體裝扮學 黃靜香編著 180元
4. 女性應對禮儀 黃靜香編著 180元
5. 女性婚前必修 小野十傳著 200元
6. 徹底瞭解女人 田口二州著 180元
7. 拆穿女性謊言88招 島田一男著 200元
8. 解讀女人心 島田一男著 200元
9. 俘獲女性絕招 志賀貢著 200元
10. 愛情的壓力解套 中村理英子著 200元
11. 妳是人見人愛的女孩 廖松濤編著 200元

・校園系列・電腦編號20

1. 讀書集中術 多湖輝著 180元
2. 應考的訣竅 多湖輝著 150元
3. 輕鬆讀書贏得聯考 多湖輝著 150元

4. 讀書記憶秘訣	多湖輝著	150 元
5. 視力恢復！超速讀術	江錦雲譯	180 元
6. 讀書 36 計	黃柏松編著	180 元
7. 驚人的速讀術	鐘文訓編著	170 元
8. 學生課業輔導良方	多湖輝著	180 元
9. 超速讀超記憶法	廖松濤編著	180 元
10. 速算解題技巧	宋釗宜編著	200 元
11. 看圖學英文	陳炳崑編著	200 元
12. 讓孩子最喜歡數學	沈永嘉譯	180 元
13. 催眠記憶術	林碧清譯	180 元
14. 催眠速讀術	林碧清譯	180 元
15. 數學式思考學習法	劉淑錦譯	200 元
16. 考試憑要領	劉孝暉著	180 元
17. 事半功倍讀書法	王毅希著	200 元
18. 超金榜題名術	陳蒼杰譯	200 元

・實用心理學講座・電腦編號 21

1. 拆穿欺騙伎倆	多湖輝著	140 元
2. 創造好構想	多湖輝著	140 元
3. 面對面心理術	多湖輝著	160 元
4. 偽裝心理術	多湖輝著	140 元
5. 透視人性弱點	多湖輝著	140 元
6. 自我表現術	多湖輝著	180 元
7. 不可思議的人性心理	多湖輝著	180 元
8. 催眠術入門	多湖輝著	150 元
9. 責罵部屬的藝術	多湖輝著	150 元
10. 精神力	多湖輝著	150 元
11. 厚黑說服術	多湖輝著	150 元
12. 集中力	多湖輝著	150 元
13. 構想力	多湖輝著	150 元
14. 深層心理術	多湖輝著	160 元
15. 深層語言術	多湖輝著	160 元
16. 深層說服術	多湖輝著	180 元
17. 掌握潛在心理	多湖輝著	160 元
18. 洞悉心理陷阱	多湖輝著	180 元
19. 解讀金錢心理	多湖輝著	180 元
20. 拆穿語言圈套	多湖輝著	180 元
21. 語言的內心玄機	多湖輝著	180 元
22. 積極力	多湖輝著	180 元

・超現實心理講座・電腦編號 22

1. 超意識覺醒法	詹蔚芬編譯	130 元
2. 護摩秘法與人生	劉名揚編譯	130 元
3. 秘法！超級仙術入門	陸明譯	150 元
4. 給地球人的訊息	柯素娥編著	150 元
5. 密教的神通力	劉名揚編著	130 元
6. 神秘奇妙的世界	平川陽一著	200 元
7. 地球文明的超革命	吳秋嬌譯	200 元
8. 力量石的秘密	吳秋嬌譯	180 元
9. 超能力的靈異世界	馬小莉譯	200 元
10. 逃離地球毀滅的命運	吳秋嬌譯	200 元
11. 宇宙與地球終結之謎	南山宏著	200 元
12. 驚世奇功揭秘	傅起鳳著	200 元
13. 啟發身心潛力心象訓練法	栗田昌裕著	180 元
14. 仙道術遁甲法	高藤聰一郎著	220 元
15. 神通力的秘密	中岡俊哉著	180 元
16. 仙人成仙術	高藤聰一郎著	200 元
17. 仙道符咒氣功法	高藤聰一郎著	220 元
18. 仙道風水術尋龍法	高藤聰一郎著	200 元
19. 仙道奇蹟超幻像	高藤聰一郎著	200 元
20. 仙道鍊金術房中法	高藤聰一郎著	200 元
21. 奇蹟超醫療治癒難病	深野一幸著	220 元
22. 揭開月球的神秘力量	超科學研究會	180 元
23. 西藏密教奧義	高藤聰一郎著	250 元
24. 改變你的夢術入門	高藤聰一郎著	250 元
25. 21 世紀拯救地球超技術	深野一幸著	250 元

・養 生 保 健・電腦編號 23

1. 醫療養生氣功	黃孝寬著	250 元
2. 中國氣功圖譜	余功保著	250 元
3. 少林醫療氣功精粹	井玉蘭著	250 元
4. 龍形實用氣功	吳大才等著	220 元
5. 魚戲增視強身氣功	宮　嬰著	220 元
6. 嚴新氣功	前新培金著	250 元
7. 道家玄牝氣功	張　章著	200 元
8. 仙家秘傳袪病功	李遠國著	160 元
9. 少林十大健身功	秦慶豐著	180 元
10. 中國自控氣功	張明武著	250 元
11. 醫療防癌氣功	黃孝寬著	250 元
12. 醫療強身氣功	黃孝寬著	250 元
13. 醫療點穴氣功	黃孝寬著	250 元

14. 中國八卦如意功	趙維漢著	180 元
15. 正宗馬禮堂養氣功	馬禮堂著	420 元
16. 秘傳道家筋經內丹功	王慶餘著	280 元
17. 三元開慧功	辛桂林著	250 元
18. 防癌治癌新氣功	郭　林著	180 元
19. 禪定與佛家氣功修煉	劉天君著	200 元
20. 顛倒之術	梅自強著	360 元
21. 簡明氣功辭典	吳家駿編	360 元
22. 八卦三合功	張全亮著	230 元
23. 朱砂掌健身養生功	楊永著	250 元
24. 抗老功	陳九鶴著	230 元
25. 意氣按穴排濁自療法	黃啟運編著	250 元
26. 陳式太極拳養生功	陳正雷著	200 元
27. 健身祛病小功法	王培生著	200 元
28. 張式太極混元功	張春銘著	250 元

・社會人智囊・電腦編號 24

1. 糾紛談判術	清水增三著	160 元
2. 創造關鍵術	淺野八郎著	150 元
3. 觀人術	淺野八郎著	180 元
4. 應急詭辯術	廖英迪編著	160 元
5. 天才家學習術	木原武一著	160 元
6. 貓型狗式鑑人術	淺野八郎著	180 元
7. 逆轉運掌握術	淺野八郎著	180 元
8. 人際圓融術	澀谷昌三著	160 元
9. 解讀人心術	淺野八郎著	180 元
10. 與上司水乳交融術	秋元隆司著	180 元
11. 男女心態定律	小田晉著	180 元
12. 幽默說話術	林振輝編著	200 元
13. 人能信賴幾分	淺野八郎著	180 元
14. 我一定能成功	李玉瓊譯	180 元
15. 獻給青年的嘉言	陳蒼杰譯	180 元
16. 知人、知面、知其心	林振輝編著	180 元
17. 塑造堅強的個性	坂上肇著	180 元
18. 為自己而活	佐藤綾子著	180 元
19. 未來十年與愉快生活有約	船井幸雄著	180 元
20. 超級銷售話術	杜秀卿譯	180 元
21. 感性培育術	黃靜香編著	180 元
22. 公司新鮮人的禮儀規範	蔡媛惠譯	180 元
23. 傑出職員鍛鍊術	佐佐木正著	180 元
24. 面談獲勝戰略	李芳黛譯	180 元
25. 金玉良言撼人心	森純大著	180 元
26. 男女幽默趣典	劉華亭編著	180 元

27. 機智說話術	劉華亭編著	180 元
28. 心理諮商室	柯素娥譯	180 元
29. 如何在公司崢嶸頭角	佐佐木正著	180 元
30. 機智應對術	李玉瓊編著	200 元
31. 克服低潮良方	坂野雄二著	180 元
32. 智慧型說話技巧	沈永嘉編著	180 元
33. 記憶力、集中力增進術	廖松濤編著	180 元
34. 女職員培育術	林慶旺編著	180 元
35. 自我介紹與社交禮儀	柯素娥編著	180 元
36. 積極生活創幸福	田中真澄著	180 元
37. 妙點子超構想	多湖輝著	180 元
38. 說 NO 的技巧	廖玉山編著	180 元
39. 一流說服力	李玉瓊編著	180 元
40. 般若心經成功哲學	陳鴻蘭編著	180 元
41. 訪問推銷術	黃靜香編著	180 元
42. 男性成功秘訣	陳蒼杰編著	180 元
43. 笑容、人際智商	宮川澄子著	180 元
44. 多湖輝的構想工作室	多湖輝著	200 元
45. 名人名語啟示錄	喬家楓著	180 元
46. 口才必勝術	黃柏松編著	220 元
47. 能言善道的說話術	章智冠編著	180 元
48. 改變人心成為贏家	多湖輝著	200 元
49. 說服的ＩＱ	沈永嘉譯	200 元
50. 提升腦力超速讀術	齊藤英治著	200 元
51. 操控對手百戰百勝	多湖輝著	200 元

・精 選 系 列・電腦編號 25

1. 毛澤東與鄧小平	渡邊利夫等著	280 元
2. 中國大崩裂	江戶介雄著	180 元
3. 台灣・亞洲奇蹟	上村幸治著	220 元
4. 7-ELEVEN 高盈收策略	國友隆一著	180 元
5. 台灣獨立（新・中國日本戰爭一）	森詠著	200 元
6. 迷失中國的末路	江戶雄介著	220 元
7. 2000 年 5 月全世界毀滅	紫藤甲子男著	180 元
8. 失去鄧小平的中國	小島朋之著	220 元
9. 世界史爭議性異人傳	桐生操著	200 元
10. 淨化心靈享人生	松濤弘道著	220 元
11. 人生心情診斷	賴藤和寬著	220 元
12. 中美大決戰	檜山良昭著	220 元
13. 黃昏帝國美國	莊雯琳譯	220 元
14. 兩岸衝突（新・中國日本戰爭二）	森詠著	220 元
15. 封鎖台灣（新・中國日本戰爭三）	森詠著	220 元
16. 中國分裂（新・中國日本戰爭四）	森詠著	220 元

17. 由女變男的我 虎井正衛著 200元
18. 佛學的安心立命 松濤弘道著 220元
19. 世界喪禮大觀 松濤弘道著 280元
20. 中國內戰（新・中國日本戰爭五） 森詠著 220元
21. 台灣內亂（新・中國日本戰爭六） 森詠著 220元
22. 琉球戰爭①（新・中國日本戰爭七） 森詠著 220元
23. 琉球戰爭②（新・中國日本戰爭八） 森詠著 220元

・運動遊戲・電腦編號 26

1. 雙人運動 李玉瓊譯 160元
2. 愉快的跳繩運動 廖玉山譯 180元
3. 運動會項目精選 王佑京譯 150元
4. 肋木運動 廖玉山譯 150元
5. 測力運動 王佑宗譯 150元
6. 游泳入門 唐桂萍編著 200元

・休閒娛樂・電腦編號 27

1. 海水魚飼養法 田中智浩著 300元
2. 金魚飼養法 曾雪玫譯 250元
3. 熱門海水魚 毛利匡明著 480元
4. 愛犬的教養與訓練 池田好雄著 250元
5. 狗教養與疾病 杉浦哲著 220元
6. 小動物養育技巧 三上昇著 300元
7. 水草選擇、培育、消遣 安齊裕司著 300元
8. 四季釣魚法 釣朋會著 200元
9. 簡易釣魚入門 張果馨譯 200元
10. 防波堤釣入門 張果馨譯 220元
20. 園藝植物管理 船越亮二著 220元
40. 撲克牌遊戲與贏牌秘訣 林振輝編著 180元
41. 撲克牌魔術、算命、遊戲 林振輝編著 180元
42. 撲克占卜入門 王家成編著 180元
50. 兩性幽默 幽默選集編輯組 180元
51. 異色幽默 幽默選集編輯組 180元

・銀髮族智慧學・電腦編號 28

1. 銀髮六十樂逍遙 多湖輝著 170元
2. 人生六十反年輕 多湖輝著 170元
3. 六十歲的決斷 多湖輝著 170元
4. 銀髮族健身指南 孫瑞台編著 250元
5. 退休後的夫妻健康生活 施聖茹譯 200元

・飲食保健・電腦編號 29

1.	自己製作健康茶	大海淳著	220 元
2.	好吃、具藥效茶料理	德永睦子著	220 元
3.	改善慢性病健康藥草茶	吳秋嬌譯	200 元
4.	藥酒與健康果菜汁	成玉編著	250 元
5.	家庭保健養生湯	馬汴梁編著	220 元
6.	降低膽固醇的飲食	早川和志著	200 元
7.	女性癌症的飲食	女子營養大學	280 元
8.	痛風者的飲食	女子營養大學	280 元
9.	貧血者的飲食	女子營養大學	280 元
10.	高脂血症者的飲食	女子營養大學	280 元
11.	男性癌症的飲食	女子營養大學	280 元
12.	過敏者的飲食	女子營養大學	280 元
13.	心臟病的飲食	女子營養大學	280 元
14.	滋陰壯陽的飲食	王增著	220 元
15.	胃、十二指腸潰瘍的飲食	勝健一等著	280 元
16.	肥胖者的飲食	雨宮禎子等著	280 元

・家庭醫學保健・電腦編號 30

1.	女性醫學大全	雨森良彥著	380 元
2.	初為人父育兒寶典	小瀧周曹著	220 元
3.	性活力強健法	相建華著	220 元
4.	30 歲以上的懷孕與生產	李芳黛編著	220 元
5.	舒適的女性更年期	野末悅子著	200 元
6.	夫妻前戲的技巧	笠井寬司著	200 元
7.	病理足穴按摩	金慧明著	220 元
8.	爸爸的更年期	河野孝旺著	200 元
9.	橡皮帶健康法	山田晶著	180 元
10.	三十三天健美減肥	相建華等著	180 元
11.	男性健美入門	孫玉祿編著	180 元
12.	強化肝臟秘訣	主婦の友社編	200 元
13.	了解藥物副作用	張果馨譯	200 元
14.	女性醫學小百科	松山榮吉著	200 元
15.	左轉健康法	龜田修等著	200 元
16.	實用天然藥物	鄭炳全編著	260 元
17.	神秘無痛平衡療法	林宗駛著	180 元
18.	膝蓋健康法	張果馨譯	180 元
19.	針灸治百病	葛書翰著	250 元
20.	異位性皮膚炎治癒法	吳秋嬌譯	220 元
21.	禿髮白髮預防與治療	陳炳崑編著	180 元
22.	埃及皇宮菜健康法	飯森薰著	200 元

23. 肝臟病安心治療	上野幸久著	220元
24. 耳穴治百病	陳抗美等著	250元
25. 高效果指壓法	五十嵐康彥著	200元
26. 瘦水、胖水	鈴木園子著	200元
27. 手針新療法	朱振華著	200元
28. 香港腳預防與治療	劉小惠譯	250元
29. 智慧飲食吃出健康	柯富陽編著	200元
30. 牙齒保健法	廖玉山編著	200元
31. 恢復元氣養生食	張果馨譯	200元
32. 特效推拿按摩術	李玉田著	200元
33. 一週一次健康法	若狹真著	200元
34. 家常科學膳食	大塚滋著	220元
35. 夫妻們關心的男性不孕	原利夫著	220元
36. 自我瘦身美容	馬野詠子著	200元
37. 魔法姿勢益健康	五十嵐康彥著	200元
38. 眼病錘療法	馬栩周著	200元
39. 預防骨質疏鬆症	藤田拓男著	200元
40. 骨質增生效驗方	李吉茂編著	250元
41. 蕺菜健康法	小林正夫著	200元
42. 赧於啟齒的男性煩惱	增田豐著	220元
43. 簡易自我健康檢查	稻葉允著	250元
44. 實用花草健康法	友田純子著	200元
45. 神奇的手掌療法	日比野喬著	230元
46. 家庭式三大穴道療法	刑部忠和著	200元
47. 子宮癌、卵巢癌	岡島弘幸著	220元
48. 糖尿病機能性食品	劉雪卿編著	220元
49. 奇蹟活現經脈美容法	林振輝編譯	200元
50. Super SEX	秋好憲一著	220元
51. 了解避孕丸	林玉佩譯	200元
52. 有趣的遺傳學	蕭京凌編著	200元
53. 強身健腦手指運動	羅群等著	250元
54. 小周天健康法	莊雯琳譯	200元
55. 中西醫結合醫療	陳蒼杰譯	200元
56. 沐浴健康法	楊鴻儒譯	200元
57. 節食瘦身秘訣	張芷欣編著	200元

・超經營新智慧・電腦編號 31

1. 躍動的國家越南	林雅倩譯	250元
2. 甦醒的小龍菲律賓	林雅倩譯	220元
3. 中國的危機與商機	中江要介著	250元
4. 在印度的成功智慧	山內利男著	220元
5. 7-ELEVEN 大革命	村上豐道著	200元
6. 業務員成功秘方	呂育清編著	200元

國家圖書館出版品預行編目資料

如何使孩子數學滿分 / 林明嬋編著，
——2版——臺北市：大展，民89
面；21公分，—(親子系列；3)
ISBN 957—557—975—5(平裝)

1. 數學 — 教學法　2.小學教育 — 教學法

523.32　88016650

ISBN 957-557-975-5

如何使孩子數學滿分

編 著 者／林 明 嬋
發 行 人／蔡 森 明
出 版 者／大展出版社有限公司
社　　址／台北市北投區（石牌）致遠一路二段12巷1號
電　　話／(02) 28236031・28236033
傳　　眞／(02) 28272069
郵政劃撥／0166955－1
登 記 證／局版臺業字第2171號
承 印 者／高星印刷品行
裝　　訂／日新裝訂所
排 版 者／千兵企業有限公司
電　　話／(02) 28812643
初版1刷／1991年（民80年）9月
2版1刷／2000年（民89年）1月

定　價／180元

大展好書 好書大展

大展好書 好書大展